중·일 ME 육성사업단 ME 교과목 연구개발 글로벌 커뮤니케이션

KCJ Multilingual

한중일 기초입문 ①

문철수·고대곤·오길용 공저

제이앤씨
Publishing Company

2015. 1
본 교재는 2014년 군산대학교 중일 ME 육성사업단에서 연구개발함

　지구촌의 글로벌화는 가속되고 있다. 언제 어디서나 인터넷을 통해 세계에서 생산되는 제품을 찾아 구매할 수 있다. 정보화 시대에 세계 여행을 자유롭게 다니며 삶을 즐기는 사람도 많아졌다. 그뿐만 아니라 해외 투자와 글로벌 직업을 찾아 해외로 진출하는 기업과 구직자도 늘어나고 있다. 교육 정책과 교육 현장에서 1언어 1국가, 1인 1언어라는 공식에서 1국가 다언어, 1인 다언어라는 공식으로 외국어 교육 체계를 바꾸어야 하는 상황으로 변한 것이다. 단일 언어(monolingual)에서 이중 언어(bilingual), 삼중 언어(trilingual) 또는 다언어(multilingual)로 교육 환경이 바뀌어야 하는 것이 우리가 가야 할 방향이라 할 수 있다.

　본 교재는 교육부의 대학 특성화 정책에 선정되면서 중국어 전공과 일본어 전공 학과를 통합하여 동아시아학부의 특성화를 위해 개발된 교과목이다. 한국어를 모어로 하는 학생들이 대학 4년 동안 제2 언어, 제3 언어를 습득한다는 것이 말도 안 되는 황당한 이야기로 생각할 수 있다. 아니 불가능하다고 할 수도 있다. 일반적으로 이중 언어 구사자를 육성하는 데 5년에서 10년 이상의 시간이 필요하다고 한다. 물론 일상 회화는 짧은 기간에 구사할 수도 있지만, 어휘 습득, 독해 능력 등은 10년 이상의 시간이 소요된다. 그렇지만 보통 대학 1학년인 20대부터 시작하여 30대가 되면 다언어 구사가 가능할 것이다. 100세 시대에 살고 있는 학생들이 긴 안목으로 꾸준히 언어 학습을 준비하는 자세가 중요하다.

　교재에 붙인 'KJC Multilingual'이란 한국어, 일본어, 중국어의 언어 구사 능력을 교육시키기 위한 기초 교과목 명칭이다. 이를 기반으로 국제사회의 이해력을 향상시키는 것이 교과의 교육 목표이다.

　세계화가 진행되며 문화 간 이동이 잦은 21세기에 하나의 언어와 문화, 하나의 집단에 자신을 가두어 놓는 것은 문제가 있다. 지금은 초문화적 정체성, 다문화적 정체성, 복수의 정체성 등 다언어 시대에 맞는 이중 언어, 삼중 언어가 늘어나는 시대이다. 다언어와 문화를 동시에 교육, 학습하는 것은 쉽지 않다. 일반상식으로 외국어 능력이 어느 수준에 도달되지 않은 단계에서 외국의 정치, 경제 무역, 사회문화 등을 배운다는 것은 상상하기 힘들다. 그래서 두 개, 세 개의 외국어와 문화를 학습하기 어렵다고 생각하는 것이 맞다. 그러나 수업 이외에 두 언어를 사용하는 접촉 시간을 늘리고, 교육 환경의 질을 높인다면 중국어, 일본어 습득도 동시에 가능하다고 본다.

끝으로 이 교재는 국제사회적, 시대적 요구에 따라 대학이 변화에 순응하고자 학과를 동아시아학부로 통합하여 1차 개발한 교재이다. 교재의 내용과 구성이 여러 면에서 부족하고, 다언어교육이 정착될 때까지 많은 모순과 어려움이 따르겠지만, 인문학의 언어 전공 학생들을 글로벌 인재로 육성하는 것이 궁극적인 교육 목표라는 것을 다시 한 번 밝힌다.

2015. 2.
공동 저자

목차

KCJ Multilingual

한중일

기 초
입문 ①

발음편

1. 중국어의 기초
2. 일본어의 기초

1. 중국어의 기초

1) 발음

(1) 성모

발음 방법 발음부위	파열음		파찰음		마찰음		비음	설측음
	무성음		무성음		무성음	유성음	유성음	탁음
	무기음	유기음	무기음	유기음				
쌍순음	b	p					m	
순치음					f			
설첨전음			z	c	s			
설첨중음	d	t					n	l
설첨후음			zh	ch	sh	r		
설면음			j	q	x			
설근음	g	k			h		ng	

① 쌍순음(双唇音)

위 아랫입술이 다물었다가 열리면서 나오는 소리이다.

ⓐ b[p]: 쌍순음, 무기음, 무성음, 파열음.

발음할 때 아래 윗입술을 꼭 다물었다가 입을 열면서 내는 소리이다.

biāobīng(标兵)   biànbié(辨别)   bānbù(颁布)   bìbào(壁报)

běibiān(北边)   bāobiǎn(褒贬)

ⓑ p[p']: 쌍순음, 유기음, 무성음, 파열음.

발음 방법이 b음과 같다. b와 p의 구별은 공기의 흐름이 바깥으로 나갈 때의 기류의 강약이 다르다.

pīpàn(批判)   piānpáng(偏旁)   pīngpāng(乒乓)   péngpài(澎湃)

pǐnpíng(品评)   pīnpán(盘拼)

ⓒ m[m]: 쌍순음, 유성음, 비음.

발음할 때 두 입술이 꼭 다물고 동시에 목젖이 밑으로 처지면서 기류가 비강을 통하여 밖으로 나가면서 나오는 소리이다.

měimiào(美妙)   míngmèi(明媚)   mùmín(牧民)   mǎimài(买卖)

miànmào(面貌)   mùmín(牧民)

② 순치음(唇齿音)

경순음(轻唇音)이라고도 한다. 아랫입술과 윗니가 서로 가볍게 닿으면서 기류의 장애를 조성하여 만들어내는 소리이다.

발음할 때 윗니를 아랫입술에 접근시켜 기류가 그 틈새로 스쳐 나온다. 성대가 진동하지 않으며, 아랫입술을 안쪽으로 말거나 시간을 길게 끌지 않아야 한다.

[f]: 순치음, 무성음, 마찰음.

fènfā(奋发)   fēngfù(丰富)   fēnfāng(芬芳)   fēifán(非凡)
fèifǔ(肺腑)   fǎnfù(反复)

③ 설첨전음(舌尖前音)

설치음(舌齿音)·평설음(平舌音), 혹은 치두음(齿头音)이라고도 한다. 혀끝이 윗니 뒷면에 닿았다가 장애를 받으며 약간 늦추어지면서 그 틈새로 나오는 소리이다.

㉠ z[ts]: 설첨전음, 무기음, 무성음, 파찰음.
발음할 때 혀끝을 윗니 뒤에 붙였다가 좀 늦추어 기류가 그 틈새로 흘러나온다.

zìzūn(自尊)   zǒngzé(总则)   zǔzōng(祖宗)   zuìzé(罪责)
zàozuò(造作)   zǒuzú(走卒)

㉡ c[ts']: 설첨전음, 유기음, 무성음, 파찰음.
발음 방법이 'z'와 같으며, 기류가 더 강하다.

céngcì(层次)   cāngcuì(苍翠)   cāicè(猜测)   cuīcù(催促)
cǎocóng(草丛)   cūcāo(粗糙)

㉢ s[s]: 설첨전음, 무성음, 마찰음.
발음할 때 혀끝을 세우고 윗니 뒤에 접근 한 후에 소리를 길게 내지 않는다. 기류가 그 틈새로 스쳐 나온다.

sīsuǒ(思索)   sùsòng(诉讼)   sèsù(色素)   sōngsǎn(松散)
suǒsuì(琐碎)   sēngsú(僧俗)

④ 설첨중음(舌尖中音)

설첨음(舌尖音) 혹은 설두음(舌头音)이라도 한다. 혀는 앞을 향하여 평평하게 펴고 혀끝을 윗니 몸에 대었다가 떼면서 장애를 일으키며 내는 소리이다.

㉠ d[t]: 설첨중음, 무기음, 무성음, 파열음.
발음할 때 혀끝을 윗니 몸에 붙였다가 열면서 기류가 터져나오는 소리이다. 성대는 진동하지 않는다.

diàndēng(灯电)　　dàndòng(洞弹)　　dàdì(大地)　　dàodé(道德)
dǎdǎo(倒打)　　dāndiào(单调)

㉡ t[t']: 설첨중음, 유기음, 무성음, 파열음.
발음 방법이 'd'와 같으며, 기류가 더욱 강하게 터져 나온다.

tàntǎo(探讨)　　tiáotíng(调停)　　tuántǐ(团体)　　tāntú(贪图)
táotài(淘汰)　　tiětǎ(铁塔)

㉢ n[n]: 설첨중음, 유성음, 비음.
발음할 때 혀끝을 윗니 뒤 잇몸에 붙이고 연구개가 드리워지고 기류가 비강으로 통하여 나오는 소리이다. 성대가 진동하며 운모와 결합할 때는 길게 소리내지 않는다.

níníng(泥泞)　　nǎonù(恼怒)　　néngnài(能耐)　　niúnǎi(牛奶)
nánnǚ (男女)　　niǔniē(扭捏)

㉣ l[l]: 설첨중음, 유성음, 설측음.
발음할 때 혀끝을 윗니 뒤 잇몸에 붙이고 혀의 양옆으로 기류가 나오면서 성대를 진동시키며 내는 소리이다.

| lǐlùn(理论) | lěiluò(磊落) | línglì(伶俐) | liáoliàng(嘹亮) |

liúlǎn(浏览)   lǎoliàn(老练)

⑤ 설첨후음(舌尖後音)

권설음(卷舌音)이라고도 한다. 혀끝을 위로 말아 경구개에 대었다가 약간 떼면서 기류를 그 사이로 통과시켜 내는 소리이다.

㉠ zh[tʂ]: 설면후음, 무기음, 무성음, 파찰음.

zhuózhuàng(茁壮) zhǔzhāng(主张)   zhèngzhì(政治)   zhēnzhèng(真正)
zhuāngzhòng(庄重) zhànzhēng(战争)

㉡ ch[tʂʻ]: 설면후음, 유기음, 무성음, 파찰음.

chángchéng(长城)   chūchǎn(出产)   chēchuáng(车床)   chíchěng(驰骋)
chūncháo(春潮)   cāchuān(拆穿)

㉢ sh[ʂ]: 설첨후음, 무성음, 마찰음.

shénshèng(神圣)   shānshuǐ(山水)   shǎoshù(少数)   shìshí(事实)
shuāngshǒu(双手)   shǎnshuò(闪烁)

㉣ r[ʐ]: 설첨후음, 유성음, 마찰음.

réngrán(仍然)   róngrěn(容忍)   róuruǎn(柔软)   róngrǔ(荣辱)
ruǎnruò(软弱)   rúruò(如若)

zh, ch, sh, r는 발음할 때 혀가 뒤쪽으로 수축하고 혀끝을 뒤로 들어올린다. 경구개에 바짝 접근시키고, 혓바닥 중간부분에 공간이 생긴다. 입술을 옆쪽으로 당기면 미소짓는 형태가 된다. 혀끝을 뒤로 말지 않고 입술은 바깥을 향하게 하지 않는다. zh와 ch의 차이는 숨을 내쉴 때 강약의 세기에 있다.

⑥ 설면음(舌面音)

설면전음(舌面前音)이라고도 하는데 舌面前이란 혀의 자연스러운 상태에서 경구개 밑 부분을 가리킨다. 혓바닥을 경구개 앞부분에 대었다가 떼면서 그 사이로 기류가 마찰되어 내는 소리이다.

㉠ j[tɕ]: 설면음, 무기음, 무성음, 파찰음.

jiānjué(坚决)　　　jīngjì(经济)　　　jiāojí(焦急)　　　jìnjì(禁忌)

jiějué(解决)　　　jiānjù(艰巨)

㉡ q[tɕʻ]: 설면음, 유기음, 무성음, 파찰음.

qǐngqiú(请求)　　　qīnqiē(亲切)　　　qiàqiǎo(恰巧)　　　qìquán(弃权)

qīngquán(清泉)　　　qíqū(崎岖)

j, q는 발음할 때 전설면의 중간 부분에만 힘을 주고, 혀의 전체에 힘을 줄 필요가 없다. j와 q의 차이는 숨을 내쉴 때 강약의 차이에 있다.

㉢ x[ɕ]: 설면음, 무성음, 마찰음.

xíngxiàng(形象)　　xūxīn(虚心)　　　xǐxùn(喜讯)　　　xiànxiàng(现象)

xuéxí(学习)　　　xiángxì(详细)

혓바닥 앞쪽 상하 중간부분이 경구개 앞쪽에 바짝 접근한다. 단, 힘을 내서 밀지 않는다. 너무 길게 소리내지 않는다.

⑦ 설근음(舌根音)

설면후음(舌面後音)이라고도 하는데 舌面後란 혀의 연구개 밑부분 즉 후설(後舌)을 가리킨다. 이 부분의 동작은 종종 혀뿌리(舌根)와 구별이 되지 않아 後舌이 만들어 내는 소리를 설근음(舌根音)이라 한다.
혀바닥의 뒷부분(설근)을 연구개에 대었다가 떼면서 기류에 장애를 일으켜 내는 소리이다.

㉠ g[k]: 설근음, 무기음, 무성음, 파열음.

gǎigé(改革)   gōnggù(工固)   gāngē(干戈)   gāoguì(高贵)
guàngài(灌溉)   guīgé(规格)

㉡ k[k']: 설근음, 유기음, 무성음, 파열음.

kèkǔ(刻苦)   kāikěn(开垦)   kǎnkě(坎坷)   kuānkuò(宽阔)
kōngkuàng(空旷)   kùnkǔ(困苦)

g, k는 발음할 때 장애가 조성되는 부부분이 너무 뒤로 가는 것은 좋지 않다. 연구개와 교차되는 부분을 밑으로 바짝 붙이고, 공기를 인두에 충분히 저장해 둔다. g와 k의 차이는 숨을 쉴 때의 강약에 있다.

㉢ h[x]: 설근음, 무성음, 마찰음.

huānhū(欢呼)   haǐhé(海河)   hǎohàn(好汉)   huīhuáng(辉煌)
huāhuì(花卉)   hánghaǐ(航海)

장애가 조성되는 부분이 뒤로 가는 것은 좋지 않다. 연구개와 교차되는 부분을 밑으로 바짝 붙이고 힘껏 들어올리지 않는다. 소리는 길게 내지 않는다.

(2) 운모

韵母別 / 呼別	单韵母					复韵母				附声韵母				卷舌韵母
						+i		+u		+n		+ŋ		
开口呼	(i)	a	o	ə	e	ai	ei	au (ao)	ou	an	ən	aŋ	əŋ	ɚ
齐齿呼	i	ia	io		ie	iai		iau (iao)	iou	ian	in	iang	iŋ ioŋ	
合口呼	u	ua	uo			uai	uei			uan	un (uən)	uang	uŋ (ueŋ)	
撮口呼	y				ye					yan	yn			

齐齿呼·合口呼·撮口呼의 결합운모(结合韵母)에 해당한다.

중국어의 전통적인 음절분석법은 중국어의 음절 가운데 성모의 뒷부분을 운모라고 하는데, 모두 39개의 운모가 있다. 운모의 주요 성분은 모음이며 경우에 따라 수미 부분에 자음이 포함되기도 한다. 운모는 일반적으로 운두(韵头), 운복(韵腹), 운미(韵尾)로 다시 나눌 수 있다. 운복은 운모의 주요모음으로 구강의 열림 정도가 크고 소리의 울림이 큰 모음이다. 운두는 성모와 운복 사이의 고모음으로서 비교적 짧게 발음되며, 운미는 운복 뒤의 끝 부분으로 모음운미와 자음운미의 두 가지가 있다. 운미로 쓰이는 음운은 [i,u,n,ŋ] 네 가지이다.

운모를 구성하는 내부 성분의 특징에 따라 세 가지로 나눌 수 있으며, 운두의 상황에 따라 개구호(开口呼), 제치호(齐齿呼), 합구호(合口呼), 촬구호(撮口呼)의 4호(四呼)로 나누어 분류할 수 있다.

(3) 운모의 분류

운모는 음절 가운데 성모의 뒷부분을 가리킨다. 운모는 주로 모음으로 구성되어 있고, 일부 모음에 자음이 붙어 구성되어 있다. 표준어는 39개 운모가 있는데 운모는 내부 구조의 특징과 첫머리 모음을 발음할 때의 두 입술 모양에 따라 분류할 수 있다.

내부 구조의 특징에 따라 운모를 3종류로 나눌 수 있다.

① 단운모(单韵母 10개)

단음으로 구성된 운모이며 단모음 운모라고도 한다. 설면운모, 설첨운모, 권설운모로 나눌 수 있다. 이 모음을 발음할 때 시간의 長短을 막론하고 그 혀의 위치, 입술의 모양 등이 시종 변하지 않는 음이다.

    설면운모 : a[A] o[o] e[ɣ] i[i] u[u] ü[y] ê[ɛ]
    설첨운모 : -i[ɿ] -i[ʅ]
    권설운모 : er[ɚ]

② 복운모(复韵母 13개)

두 개 또는 세 개의 모음이 결합한 것으로 복원음운모라고도 한다. 이 모음을 발음할 때 시간의 장단에 따라 그 혀의 위치, 입술의 모양 등이 변하여, 발음되는 모음의 음가(音价) 변화가 생기는 음이다.

    이중운모(9개) : ai[ai] ei[ei] ao[au] ou[ou] ia[iA] ie[iɛ] ua[uA] uo[uo] üe[yɛ]
    삼중운모(4개) : iao[iau] iou[iou] uai[uai] uei[uei]

③ 비운모(韵母 16개) : 한 개 또는 두 개의 모음 뒤에 비음이 연결된 것이다.

    설첨비음 운모(8개) : an[an] en[ən] ian[iɛn] in[in] uan[uan] uen[uən] üan[yɛn] ün[yn]
    설근비음 운모(8개) : ang[aŋ] eng[əŋ] ong[uŋ] iang[iaŋ] ing[iŋ] iong[yŋ] uang[uaŋ]
                        ueng[uəŋ]

2) 중국어 음절 병사(拼写)규칙

중국어 음절의 철자 규칙은 《한어병음방안》의 규정에 따라 정확하게 표기해야 한다. 그 규칙은 다음과 같다.

(1) 격음 규칙

병사할 때는 반드시 격음자모를 사용하여 음절의 경계를 분명히 해야 한다.

음절에 격음표기를 하지 않는다면, 음절의 경계에 혼란을 초래하여 다른 의미를 나타낼 수 있다. 예를 들어 jie는 '饥饿'와 '界' 두 가지를 의미할 수 있다. 앞에 성모가 없이 모음(a, o, e, i, u, ü)으로 음절이 시작될 때는 다음과 같이 그 표기법이 달라진다.

① 격음자모 y, w의 사용

i로 시작하는 영성모 음절은 i를 모두 y로 바꾸어 표기한다.

> ya ye yao you yan yang yong

i가 운복일 경우 i의 앞에 y를 붙여 표기하는데, yi, yin, ying 세 가지의 음절만이 있다.
u로 시작하는 영성모 음절은 u를 모두 w로 바꾸어 표기한다.

> wa, wo, wai, wei, wan, wen, wang, weng

u가 운복일 경우 u의 앞쪽에 w를 붙여 표기하는데, 오직 wu 한 가지의 음절이 있다.
ü로 시작하는 영성모 음절은 ü의 앞쪽에 y를 붙이고 ü자 위의 두 점을 삭제하는데, 오직 yu, yue, yuan, yun 네 가지의 음절이 있다.

② 격음부호 사용

a, o, e 로 시작하는 영성모 음절이 다른 음절의 뒤쪽에 연결할 때, 음절의 경계에 혼란이 생기므로 격음부호를 사용한다. 실제 사용상 음절 경계에 혼란이 발생하든 안하든 관계 없이 모두 일률적으로 격음부호를 사용한다.

ji'e(饥饿), pi'ao(皮袄), xi'an(西安), fan'an(翻案)

③ ü의 생략 규칙

ü 운모가 성모 j, q, x와 결합될 때 ü의 위에 있는 두 점을 생략한다. 그러나 ü 운모가 성모 n, l과 결합될 때는 ü의 위에 있는 두 점을 생략할 수 없다.

j + ü → jü(居)	j +üan → juan(捐)
q +üe → que(缺)	q +ün → qun(群)
x +ü → xu(虚)	x +üe → xue(雪)
l + ü → lü(吕)	l +üe → lüe(略)
n +üe → nüe(虐)	n +ü → nü(女)

성모 j, q, x가 합구호 운모와 결합하지 않고 촬구호 운모와 결합하므로 ü의 위에 있는 두 점을 생략해도 u는 ü로 읽는다.

성모 n, l은 ü 운모와 결합할 수 있을 뿐 아니라 또한 u 운모와도 결합할 수 있다.

만약 ü 위에 있는 두 점을 생략하면 혼란이 생길 수 있으므로 생략할 수 없다. ü로 시작되는 영성모 음절은 y를 붙이고 두 점을 생략해도 y로 인해 u라고 오해하지 않는다.

④ iou, uei, uen의 생략

iou, uei, uen 운모 앞에 성모가 오면 가운데 모음 o 혹은 e는 생략한다.

l+iou → liu(留)   n+iou → niu(牛)

q+iou → qiu(球)   s+uei → sui(岁)

g+uen → gun(滚)   ch+uen → chun(春)

(2) 성조 표시 규칙

성조부호 ‒ (阴平) ／(阳平) ∨(上声) ＼(去声)은 원칙상 음절의 주요모음 위에 표시한다. 만약 한 개의 음절이 한 개의 모음만 있다면 성조 부호는 이 모음 위에 표시한다. 그러나 한 개의 음절에 두 개 이상의 모음이 있다면 성조 부호는 개구도가 가장 크고, 혀의 위치가 가장 낮은 모음 위에 표시한다. 모음의 음량은 개구도의 크기에서 결정된다. 모음의 개구도는 3가지 등급으로 구분되는데 가장 큰 1등급은 a, 2등급은 o, e, 3등급은 i, u, ü이다.

한 개의 음절에 1등급의 모음 a가 있으면 성조부호는 그 위에 표시한다. 예) mā(妈), jiā(家), biāo(标), fāng(方). 만일 1등급의 모음이 없고 2등급 모음이 있으면 2등급 모음 위에 표시한다. 예) hēi(黑), wō(窝), yē(夜), yōng(涌) ; 만일 1등급 모음과 2등급 모음이 모두 없고 3등급 모음만이 있으면 성조부호를 3등급 모음 위에 표시한다.

jī(鸡), yīng(英), hú(湖), nǚ(女), jūn(军)

운모가 한 개의 모음 이상일 때 a가 있으면 그 위에, a가 없으면 o, e, i, u를 찾아 표시한다. a, o, e가 모두 없는 ui나 iu는 뒤쪽의 모음 위에 표시한다.

guǐ(鬼), jiǔ(酒)

그리고 qún(群)은 모음 u위에 표시하고, 경성은 성조부호를 표시하지 않는다. i위에 성조부호를 나타낼 때는 i위에 작은 점은 삭제하고, ü 위에 성조부호를 표시할 때는 ü 위의 두 점은 생략할 수 없다.

3) 음성의 변화

(1) 성조변화

음절과 음절을 연속하여 발음할 때 어떤 음절의 성조에 변화가 일어나는데, 이를 성조의 변화라고 한다.

① 제3성의 변화

(1) 3성 + 3성 → 2성 + 3성으로 발음

了解 liǎojiě → liíojiě   水果 shuǐguǒ → shuíguǒ

你好 nǐhǎo → níhǎo   很好 hěnhǎo → hénhǎo

이 외에 반3성이라는 것이 있는데, 3성 다음에 1, 2, 4성이 나오면 앞에 나오는 3성은 하강조(내려가는 부분)만 발음하는 것으로 일반적으로 3성은 모두 반3성으로 발음한다.

② '一' 및 '七'·'八'의 변화

본래 제1성인 '一'는 뒤에 1·2·3성이 오면 4성으로 변하고, 4성(본래 4성이었던 경성 포함)이 오면 제2성으로 변한다. 또, 본래 1성인 '七'·'八' 는 뒤에 4성이 오면 2성으로 변한다.

一天 yītiān → yìtiān   一些 yīxiē → yìxiē

一年 yīnián → yìnián   一毛 yīmáo → yìmáo

一点儿 yīdiǎnr → yìdiǎnr   一起 yīqǐ → yìqǐ

一对 yīduì → yíduì   一个 yīge → yíge

七号 qīhào → qíhào   八亿 bāyì → báyì

하지만 第七课처럼 서수를 나타낼 때는 원래 성조로 발음한다.

第七课 dìqīkè → díqīkè

③ '不'의 변화

본래 4성인 '不'는 뒤에 4성이 오면 2성으로 변하지만, 나머지 성조가 오면 변하지 않는다.

不看 bùkàn → búkàn   不是 bùshì → búshì

不好 bùhǎo → bùhǎo   不行 bùxíng → bùxíng

이상에서 성조의 변화를 살펴봤는데, 한 가지 주의할 점은 성조를 표기할 때 변화된 성조를 표기하는 것은 아니며, 반드시 원래 성조에 따라 표기해야 한다.

④ 중첩된 형용사

㉠ 단음절 형용사가 중첩되었을 경우, 만일 중첩된 부분이 儿化되었다면 원래의 성조에 상관없이 모두 1성(음평)으로 변한다.

㉡ 쌍음절 형용사가 중첩되면 경우에 따라 첫 번째 음절의 중첩 부분을 경성으로 읽고 뒤 음절과 그 중첩 부분은 1성(음평)으로 읽는다.

㉢ 중국어의 변조는 보편적인 현상이지만, 한어병음방으로 표기할 때는 변조를 표기하지 않고 원래의 성조를 표기한다.

⑤ 경성

중국어의 모든 음절에는 고정된 성조가 있다. 그러나 어떤 음절은 일정한 장소에서 원래의 성조를 잃어버리고, 가볍고 짧은 어조로 변하는데 이를 경성이라고 한다. 예를 들어 头는 원래 2성이지만 石头에서 경성으로 읽힌다.

경성 가볍고 짧게 읽기 때문에 성조와 다르다. 성조는 음고에 따라 결정되지만 경성은 음강으로 결정된다. 경성 음절은 음의 높이가 일정하지 않기 때문에 항상 앞 음절의 성조에 따라 결정된다. 3성 뒤에서 가장 높고, 1성과 2성 뒤에 나올 때가 그 다음이며, 4성 뒤에서는 가장 낮다.

(2) 조사 啊의 변화

문미에 쓰이는 어기사 '啊(a)'는 앞 음절 끝 음소의 영향을 받아 '동화(同化)', '증음(增音)' 등의 음변현상을 일으킨다. 그 법칙은 다음과 같다.

ⓐ 앞의 음소가 i, ü이면 ya로 읽고 呀로 표기한다.
ⓑ 앞의 음소가 u(ao, iao포함) 이면 wa로 읽고 蛙로 표기한다.
ⓒ 앞의 음소가 n이면 na로 읽고 哪로 표기한다.
ⓓ 앞의 음소가 ng이면 nga로 읽고 그대로 啊로 표기한다.
ⓔ 앞의 음소가 -i[ɿ]이면 ra로 읽고 그대로 啊로 표기한다.
ⓕ 앞의 음소가 -i[ʅ]이면 [za]로 읽고 그대로 啊로 표기한다.

(3) 儿化韵

보통화에서 '儿'은 스스로 음절을 만들어 구체적인 의미를 가질 수 있다. 예를 들면 幼儿 과 婴儿의 儿은 儿韵이라고 부른다. 그러나 보통화와 어떤 방언에 나타나는 일종의 어음 으로, 접미사인 "儿"자가 스스로 음절을 형성하지 못하고, 다른 음절의 뒤에 붙어 그 음절 운모의 모음과 결합하여 변화시키는 특징이 있다. 이를 '儿化'라고 하고 권설의 색채를 띠 고 있는 운모를 儿化韵이라 부른다. 儿化 이후의 음절은 한 개의 음으로 읽지만, 두 개의 한자를 이용하여 써야 한다. 병음 표기는 원래의 운모 뒤에 'r'을 붙여 표기하면 된다.

花儿 huār 门儿 ménr 一点儿 yīdiǎnr 灯儿 dēngr

儿化는 중국의 북방 즉 베이징을 중심으로 한 지역에서 많이 유행하고 있다. 일부 어휘 는 반드시 儿化를 시켜야 하는 것도 있지만, 일부 어휘는 습관처럼 儿化를 시키고 있다. 儿化된 음절은 듣기 힘들어서 외국인은 물론 중국의 외지에서 온 사람조차도 상대편의 말 을 이해하지 못하는 경우가 많다.

(4) 성조

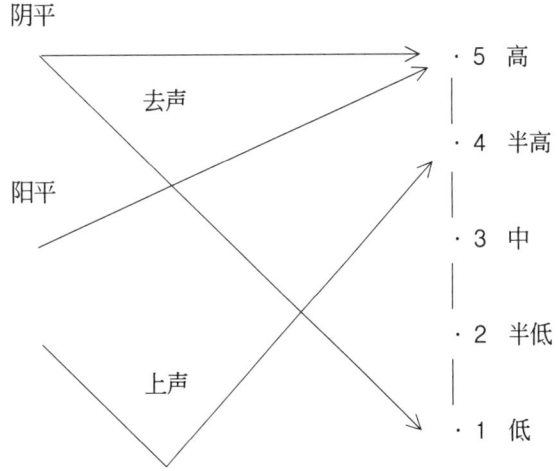

보통화의 성조는 4개의 성조에 대한 기술에 있어서는 다음과 같은 두 가지 형태가 보이고 있다. 표준 중국어의 4개의 성조는 고전 중국어의 4개의 성조(平·上·去·入)와 동일한 것이 아니다. 고전중국어의 성조 부류들이 많이 분화되거나 합병되었기 때문에 현대 방언들의 성조 체계 가운데 절음(切音)의 성조 체계가 완벽하게 1대 1로 대응되는 것은 거의 없다.

① 음평(제1성)

제1성조는 높고 평평한 것이다. 이것은 높낮이(높은 소리)에 있어서 비교적 변함이 없고, 제2성조와 제4성조에 비하여는 다소 길지만, 제3성에 비해서는 짧다, 성조 조치는 [55]이다.

② 양평(제2성)

제2성조는 높이 오름세의 것이다. 이것은 화자의 평균적인 音혹의 대략 중간 정도에서 시작하여 가장 높은 데까지 급격히 올라가는 성조이다. 이것은 높은 정도가 끝까지 올라가는 경향을 지니고 있으며, 지속 시간은 짧다. 성조 조치는 [35]이다.

③ 상성(제3성)

제3성조는 두 종류의 기본 변체를 지니고 있다. 이것은 독립적으로 발음될 때에는 낮은 데에서 시작하여 목소리의 밑바닥까지 내려갔다가 다시 반고(半高) 높이까지 올라간다. 이것은 발단 이후 부분에서는 강도를 상실하지만 끝 부분으로 갈수록 약간 올라가는 것으로서 지속 시간이 다른 어떤 성조보다도 가장 긴 것이다. 성조 조치는 [214]이다.

④ 거성(제4성)

제4성조는 높은 데서 아래로 뚝 떨어지는 것이다. 이것은 화자의 음조 영역 가운데 가장 높은 곳에서 시작하여 목소리의 밑바닥까지 급격히 떨어지는 성조이다. 제4성조는 끝 부분에 이를수록 강도가 떨어지며, 4가지 성조 중에서 지속 시간이 가장 짧은 것이다. 성조 조치는 [51]이다.

이처럼 보통화에서 4개 성조의 음의 길이가 완전히 같은 것은 아니다. 上声이 가장 길고 阳平이 그 다음이며 阴平이 그 다음이고, 去声이 가장 짧다. 그러나 이러한 長短의 구별은 뚜렷하지도 않으며 변별 기능도 없는 것이다.

2. 일본어의 기초

1) かな(仮名 : kana)

일본 글자는 「かな」라고 부른다. 「かな」에는 「ひらがな」와 「カタカナ」두 가지가 있다. 「ひらがな」에는 漢字의 草書体에서, 「カタカナ」는 한자 일부를 본떠서 만들었다.

「かな」는 음절문자(한글과 같은 음운조직이 아니고, 한 음절이 한 글자로 되어 있어 더 이상 나눌 수 없는 문자)로서 일반적으로 「ひらがな」가 사용되며, 「カタカナ」는 의성어·의태어·외래어·외국어 등의 경우에만 사용된다.

「かな」를 일정한 순서로 5段씩 10行으로 배열한 것을 「五十音図」라고 한다. 세로의 줄을 「行」, 가로의 줄을 「段」이라고 한다.

<ひらがな 「Hiragana」>

あ a	か ka	さ sa	た ta	な na	は ha	ま ma	や ya	ら ra	わ wa	ん [N]
い i	き ki	し shi	ち chi	に ni	ひ hi	み mi		り ri		
う u	く ku	す su	つ tsu	ぬ nu	ふ hu	む mu	ゆ yu	る ru		
え e	け ke	せ se	て te	ね ne	へ he	め me		れ re		
お o	こ ko	そ so	と to	の no	ほ ho	も mo	よ yo	ろ ro	を wo	

<カタカナ「Katakana」>

ア a	カ ka	サ sa	タ ta	ナ na	ハ ha	マ ma	ヤ ya	ラ ra	ワ wa	ン [N]
イ i	キ ki	シ shi	チ chi	ニ ni	ヒ hi	ミ mi		リ ri		
ウ u	ク ku	ス su	ツ tsu	ヌ nu	フ hu	ム mu	ユ yu	ル ru		
エ e	ケ ke	セ se	テ te	ネ ne	ヘ he	メ me		レ re		
オ o	コ ko	ソ so	ト to	ノ no	ホ ho	モ mo	ヨ yo	ロ ro	ヲ wo	

※ 五十音図의 발음을 발음기호로 표기한 것은 한국말의 발음과 정확하게 일치하지 않는 것도 많기 때문이다.

2) 発音

(1) 모음

현대어에는 「あ」, 「い」, 「う」, 「え」, 「お」 다섯 가지이다. 「を」라는 것도 있지만, 발음은 「お」와 같고 조사로만 사용된다.

あ a	い i	う u	え e	お o

あお(青)[ao] ‥ 파랑   いし(意思)[ishi] ‥ 의사

うえ(上)[ue] ‥ 위   えき(駅)[eki] ‥ 역

おや(親)[oya] ‥ 어버이

(2) 반모음

조음방법이 모음과 가깝지만 모음에 비해 자음적 성질을 갖고 있다. [y]와 모음인 「a」·
「u」·「o」와 겹쳐져 있으므로 중모음이라고 한다.

や ya	ゆ yu	よ yo	わ wa

やま(山)[yama] ‥ 산   ゆき(雪)[yuki] ‥ 눈
よこ(横)[yoko] ‥ 옆   いわ(岩)[iwa] ‥ 바위

(3) 자음

입 또는 후두에 폐쇄 또는 협착에 의하여 생긴 소리

① 清音

<カ行>

か ka	き ki	く ku	け ke	こ ko

かお(顔)[kao] ‥ 얼굴   きもち(気持)[kimochi] ‥ 기분
くに(国)[kuni] ‥ 나라   けしき(景色)[keshiki] ‥ 경치

<サ行>

さ sa	し shi	す su	せ se	そ so

さかな(魚) [sakana] ‥ 생선   しけん(試験)[shikeN] ‥ 시험
すし(寿司) [sushi] ‥ 초밥   せんげつ(先月)[sengetsu] ‥ 지난달
そら(空) [sora] ‥ 하늘

<た行>

た ta	ち chi	つ tsu	て te	と to

たま(玉)[tama] ‥ 구슬　　　　つくえ(机)[tsukue] ‥ 책상

ていき(定期)[teiki] ‥ 정기　　とうろん(討論)[tōroN] ‥ 토론

ちかてつ(地下鉄)[chikatetsu] ‥ 지하철

<ナ行>

な na	に ni	ぬ nu	ね ne	の no

なつ(夏)[natsu] ‥ 여름　　　にんき(人気)[ninki] ‥ 인기

ぬし(主)[nushi] ‥ 주인　　　ねこ(猫)[neko] ‥ 고양이

<ナ行>

は ha	ひ hi	ふ hu	へ he	ほ ho

はな(花)[hana] ‥ 꽃　　　　ひる(昼)[hiru] ‥ 점심

へた(下手)[heta] ‥ 서투름　　ほんね(本音)[honne] ‥ 본심

ふたつ(二つ)[hutatsu] ‥ 둘, 두 개

<マ行>

ま ma	み mi	む mu	め me	も mo

まじめ(真面目)[majime] ‥ 성실함　　みぎ(右)[migi] ‥ 오른쪽

むかえ(迎え)[mukae] ‥ 마중　　　　めいし(名刺)[meishi] ‥ 명함

もち(餅)[mochi] ‥ 떡

<ラ行>

ら ra	り ri	る ru	れ re	ろ ro

らいねん(来年)[raineN] ·· 내년　　　　りえき(利益)[rieki] ·· 이익

るいけい(類型)[ruikei] ·· 유형　　　れんあい(恋愛)[reNai] ·· 연애

ろく(六)[roku] ·· 육

② 濁音

カ行 · サ行 ·タ行 · ハ行의 かな 오른쪽 부분에 탁점「 ″」이 붙는 음

<が行>

が ga	ぎ gi	ぐ gu	げ ge	ご go

がく(額)[gaku] ·· 액자　　　　ぎり(義理)[giri] ·· 의리

げた(下駄)[geta] ·· 나막신　　　ごご(午後)[gogo] ·· 오후

<ザ行>

ざ za	じ ji	ず zu	ぜ ze	ぞ zo

ざせき(座席)[zaseki] ·· 좌석　　　じしん(地震)[zishiN] ·· 지진

すず(鈴)[suzu] ·· 방울　　　　　ぜんぶ(全部)[zembu] ·· 전부

ぞくご(俗語)[zokugo] ·· 속어

<だ行>

だ da	ぢ ji	づ zu	で de	ど do

だいこん(大根)[daikoN] ‥ 무우　　　　はなぢ(鼻血)[hanaji] ‥ 코피

どうり(道理)[dōri] ‥ 도리　　　　　　でんしゃ(電車)[densha] ‥ 전차

つづみ(鼓)[tsuzumi] ‥ 북

<ば行>

ば ba	び bi	ぶ bu	べ be	ぼ bo

ばか(馬鹿)[baka] ‥ 바보　　　　　くび(首)[kubi] ‥ 목

ぶた(豚)[buta] ‥ 돼지　　　　　　ぶぶん(部分)[bubuN] ‥ 부분

③ 半濁音

ハ行의 오른쪽 부분에 반탁음「°」이 붙는 음.

<ぱ行>

ぱ pa	ぴ pi	ぷ pu	ぺ pe	ぽ po

らっぱ[rappa] ‥ 나팔　　　　　ぴたりと [pitarito] ‥ 갑자기 그치는 모양

ペスト[pesto] ‥ 페스트

④ 拗音

「か」、「さ」、「た」、「は」、「ま」、「ら」、「が」、「ざ」、「だ」、「ば」、「ぱ」行의「イ」段의 오른쪽 아래에 半母音「や」、「ゆ」、「よ」를 작게 써서 나타내는 음.

きゃ kya	きゅ kyu	きょ kyo

きゃく(客)[kyaku] ‥ 손님   きょか(許可)[kyoka] ‥ 허가

しゃ sha	しゅ shu	きょ sho

しゃしん(写真)[shashiN] ‥ 사진   しゅじん(主人)[shujiN] ‥ 주인

ちゃ cya	ちゅ chu	ちょ cho

おちゃ(お茶)[cha] ‥ 차   ちょうなん(長男)[chouōnaN] ‥ 허가

にゃ nya	にゅ nyu	にょ nyo

にゅうがく(入学)[nyugaku] ‥ 입학   にゃーにゃ[nyānyā] ‥ 고양이 울음소리

ひゃ hya	ひゅ hyu	ひょ hyo

ひゃくえん(百円)[hyakueN] ‥ 백 엔   ひょうか(評価)[hyōka] ‥ 평가

みゃ mya	みゅ myu	みょ myo

みゃく(脈)[myaku] ‥ 맥   ほんみょう(本名)[honmyō] ‥ 본명

りゃ rya	りゅ ryu	りょ ryo

りょこう(旅行)[ryokō] ·· 여행　　　りゅうこう(流行)[ryūkō] ·· 유행

ぎゃ gya	ぎゅ gyu	ぎょ gyo

ぎゃく(逆)[gyaku] ·· 역으로　　　ぎょうじ(行事)[gyōji] ·· 행사

じゃ ja	じゅ ju	じょ jo

じゃま(邪魔)[jama] ·· 방해　　　こうじょう(工場)[kōjō] ·· 공장

びゃ bya	びゅ byu	びょ byo

びょういん(病院)[byōiN] ·· 병원　　　さんびゃく(三百)[sambyaku] ·· 삼백

ぴゃ pya	ぴゅ pyu	ぴょ pyo

ろっぴゃく(六百)[roppyaku] ·· 육백

④ 撥音

　語中 또는 語尾에 있으며 음절을 이루는 鼻音, 일본어에는 원래 없던 음이지만 한자의 영향으로 생겼으며, 말머리에는 오지 않는다.

㉠ 「か」、「が」행 앞에서는 「ŋ」으로 발음된다.

　かんこく(韓国)[kaŋkoku] ‥ 한국

㉡ 「さ」、「ざ」、「た」、「だ」、「な」、「ら」행 앞 에서는 「ń」으로 발음된다.

　けんさ(検査)[kensa] ‥ 검사　　　せんでん(宣伝)[sendeN] ‥ 선전

㉢ 「ば」、「ぱ」、「ま」행 앞에서는 「m」으로 발음된다.

　しんぶん(新聞)[shimbuN] ‥ 신문　　さんぽ(散歩)[sampo] ‥ 산책

㉣ 「あ」、「は」、「や」、「わ」행 앞에서와 끝음이 「ん」일 때 「N」으로 발음된다.

　れんあい(恋愛)[reNai] ‥ 연애　　　ほんや(本屋)[hoNya] ‥ 서점

⑥ 促音

「つ」를 앞 글자의 오른쪽 아래에 작게 쓰는 것으로 뒷발음의 영향을 받는다.

㉠ 「か」행 앞에서는 「k」로 발음된다.

　がっこう(学校)[gakkō] ‥ 학교

㉡ 「さ」행 앞에서는 「s」로 발음된다.

　あっさり[assari] ‥ 시원스런 모양

㉢ 「た」행 앞에서는 「t̩」로 발음된다.

　きって(切手)[kitte] ‥ 우표

㉣ 「ぱ」행 앞에서는 「p̩」로 발음된다.

　しっぽ(尻尾)[shippo] ‥꼬리

⑦ 長音

일본어의 장음표기는 あ段은 「あ」、い段은 「い」、う段은 「う」、え段은 「え、い」、お段
은 「お、う」로 외래어는 ー로 표시한다.

おばあさん[obāsaɴ] ‥ 할머니   ビール[bīru] ‥ 맥주

회화편

제1과 인사

대화문

A : 早上好!

おはようございます。
Hello! Good Morning.

B : 您好! 初次见面, 请多关照!

こんにちは。はじめまして。どうぞよろく。
Hello! This is the first time I meet you. Please look after me much more.

A : 不客气. 认识您很高兴!

こちらこそ。お会いできてうれしいです。
Not at all. I'm very glad to meet you.

B : 我也很高兴.

私もとても嬉しいです。
So am I.

A : 昨天玩得愉快吗?

昨日は　楽しかったですか。
Did you have a good time yesterday?

B : 非常愉快! 北京真美, 我很喜欢!

非常に　楽しかったです。
北京は本当にうつくしくて 私はとてもすきです。
Oh, wonderful! Beijing is very beautiful. I like it very much.

A : 欢迎您来中国旅游.

あなたが中国へ旅行にこられた事を歓迎いたします。
Welcome to China!

B : 谢谢.

ありがとうございます。
Thank you!

1. 술어문

1) 명사술어문: 술어가 명사 혹은 명사구의 결합이다.

马克澳大利亚人.　　　마크는 오스트레일리아 사람이다.
他二十多岁.　　　　　그는 20살 쯤 된다.

2) 동사술어문: 술어가 동사이다.

他弟弟在大学学习.　　그의 동생은 대학에서 공부한다.
我有一本汉英辞典.　　나는 한영사전 한 권이 있다.
我下午去机场送朋友.　나는 오후에 친구를 배웅하러 공항에 간다.

3) 형용사술어문: 술어가 형용사이다.

天气很好.　　　　　　날씨가 좋다.
饭凉了.　　　　　　　밥이 식었다.
这儿的风景很美丽.　　이 곳의 경치는 아름답다.

4) 주술술어문: 술어가 주술 단어 결합이다.

他身体很好.　　　　　그는 건강하다.
大街上人多极了.　　　큰 길에 사람이 매우 많다.
这里风景真美.　　　　이 곳은 경치가 정말 아름답다.

2. 你好吗?

你好吗?는 안녕하세요의 표현이다. 의문조사 吗를 생략하여 你好!로 인사를 해도 된다. 아침 인사는 早上好, 저녁 인사는 晩上好 등의 인사가 있다. 일반명사나 복수 인칭대명사를 사용하여 你们好, 大家好, 老师好 등으로 표현할 수 있다.

3. 们

们의 복수 접미사이다. 단수 대명사, 인칭대명사 뒤에 붙이면 복수형이 된다.

我们(우리), 你们(너희), 老师们(선생님들)

4. 非常

부사 非常은 형용사, 동사 앞에 놓여 수식한다. 사물의 성질, 상태가 높은 정도에 도달했음을 표현한다.

他身体非常好.　　　그는 매우 건강하다.

연 습

1. 발음연습

① z-ǎo-zǎo(早)　　sh-àng-shàng(上)　　h-ǎo-hǎo(好)

② n-ín-nín(您)　　h-ǎo-hǎo(好)

③ f-ēi-fēi(非)　　ch-áng-cháng(常)　　y-ú-yú(愉)　　k-uài-kuài(快)

④ x-iè-xiè(謝)   x-iè-xiè(謝)   z-ài-zài(再)   j-iàn-jiàn(見)

2. 성조연습

ā á ǎ à   ē é ě è

nī ní nǐ nì   hāo háo hǎo hào

3. 대체연습

早上好   您早   您早啊
          您好   您好啊
          晚安   晚上好

▮ 囍

　중국인은 결혼할 때 囍자를 대문에 붙여 경사스러운 일이 있음을 표시한다. 요즘 혼례
는 서양식으로 거행하지만, 囍자는 여전히 빠질 수 없는 글자이다. 囍자는 붉은 색과 금색
이 있다. 중국인은 붉은 색은 사악한 기운을 물리친다는 인식이 강하다. 보통 때도 중국
아이들은 빨간 옷을 자주 입고, 결혼식 때는 더욱 빨간색을 많이 사용한다. 중국 사람들의
결혼식을 구경하면 온통 붉은 색 천지이다. 결혼식장 바깥에서는 귀신을 쫓아낸다는 폭죽
을 터뜨리는데, 이 폭죽 색깔도 역시 붉은 색이다. 결혼식의 축의금에 사용하는 봉투의 색
깔도 붉은 색이다. 금색은 경사스러운 일이나 부귀영화를 상징한다. 두 가지 색깔은 신혼
부부의 소원을 표현한다.

▮ 오봉(お盆)

　우라봉(盂蘭盆)이라고도 한다. 음력 7월 15일을 중심으로 행해지는 仏事로 조상의 혼령
을 自宅에 모시고 제물을 차리고 독경을 한다. 제단에는 위패·꽃·향을 놓고 떡·국수·채
소·과일·清水 등을 바친다. 또한 조상의 묘를 찾아가 성묘를 한다.
　이 기간에(7월 13일~7월 16일)에 조상의 혼을 위로하기 위해서 男·女가 노래와 音頭에
맞춰 춤을 춘다. 이것을 봉오도리(盆踊り)하고 하는데 본래는 맞이하는 精霊의 慰霊과 魂
送을 겸했다고 한다.

제2과 소개

A : 您贵姓?

あなたの名前は何ですか
May I know your name?

B : 我姓姜. 你呢?

私はカンです。あなたは。
I am Jiang. and you?

A : 我姓田中, 我是日本人.

わたしは　田中です。私は日本人です。
I'm Tian Zhong. I am Japanese.

B : 我来介绍一下，这是林小姐.

ご紹介します。こちらはリンさんです。
Let me introduce her to you. This is miss Lin.

C : 对，我从韩国来.

はい。私は韓国から来ました。
Well, I Come from Korea.

A : 您多大了?

あなたはおいくつですか
How old are you?

C : 我20岁了.

私は二十です
I'm twenty.

A : 请问，您是导游小姐吗?

ちょっとお聞きします。あなたは観光ガイドさんですか。
Excuse, are you sightseeing conducter?

B：是的. 我叫王华, 有事可以找我.

そうです。わたしは王華と もうします。
御用がありましたら私をおさがしください。
Yes, My name is Wang Hua. Please call me if you have some trouble.

A, C：谢谢.

ありがとうございます。
Thank you!

1. 의문문

1) 吗 의문문

의문어기조사 吗를 문장 끝에 붙여서 의문문을 만든다.

你忙吗?　　너 바쁘니?　　　　　　你身体好吗?　　건강하니?

2) 의문대명사의 의문문

谁(누구), 什麼(무엇), 怎麼(어떻게) 등의 의문대명사를 사용하여 묻는다.

谁是王老师?　　　누가 왕선생이니?

3) 정반의문문

술어의 긍정과 부정을 나열한다.

他是不是你妹妹?　　그가 네 여동생이니?

4) 명사 + 呢 의문문

2. 您贵姓?

您贵姓은 윗 사람에게 성함을 묻는 높임말이다. 보통 친구나 손 아랫사람에게는 你姓什麼?로 표현한다.

你叫什麼名字?로 물을 경우 성과 이름을 모두 대답하면 된다.

3. 了

동작의 완료, 실현은 동태동사 뒤에 조사 了를 붙인다. 부정은 没有를 사용하며 了를 제거한다. 예를 들면 '我看了今天的报.' 오늘 신문을 읽었다. '我没有买书.' 나는 책을 사지 않았다. 그러나 了가 문장 끝에 놓여 상태의 변화가 있었음을 표현하기도 한다.

现在已经是一点钟了.   지금 벌써 1시가 되었다.

4. 一下

동사 뒤에 놓여 '좀-하다'의 가벼운 동작의 의미를 나타낸다.

请等一下.   좀 기다려라.

5. 可以와 能

신체의 능력이 있어 할 수 있는 경우와 허가를 요구하거나 객관적 조건이 허락할 때 可以, 能을 사용할 수 있다. 不를 붙여 할 수 없거나 금지를 표현할 수 있다.

这儿可以(能抽)烟吗?   여기에서 담배를 피워도 되니?

6. 从

전치사 从은 기점을 나타낸다. 일반적으로 시간, 장소를 나타내는 명사, 명사구와 결합하여 동사를 수식하는 부사어로 쓰인다.

从汉城到北京坐飞机要几个小时?　　서울에서 베이징까지 비행기로 몇 시간 걸리니?

从今天开始讲第五课.　　오늘부터 제5과를 공부하겠다.

1. 발음연습

zhū　chū　shū　rū　zì　zhì　sìshì　zuǒ　cuǒ　suǒ　ruǒ

2. 성조연습

quān　quán　quǎn　quàn　niū　niú　niǔ　niù

3. 읽기연습

Qù nǎr.

Qù nǎr chī.

Wǒmen Qù nǎr chī.

Wǒmen zài xuésheng shítáng chī ba.

 중일 문화 엿보기

▌ 춘절

　'춘절(春节)'은 음력 정월 초하루로 중국 최대의 전통명절이다. 춘절은 겨울이 지나고 곧 봄이 올 것임을 예시하는 말로, 3일간의 연휴로 정해져 있지만 농촌은 10일 이상을 쉬기도 하고, 음력 12월 납월(腊月)에 들면 중국은 이미 새해를 맞이하려는 분위기로 술렁댄다. 춘절 기간에는 여러 전통적인 행사가 행해지는데, '납팔일(腊八日, 음력 12월 8일)'이 오면 쌀·좁쌀·찹쌀·수수쌀·팥·대추·호두·땅콩 등 여덟 가지를 넣어 끓인 납팔죽(腊八粥)을 먹는다. 이는 오곡이 풍성하도록 풍년이 들었다는 뜻을 내포하고 있다. 음력 12월 23일에는 부뚜막 신인 조왕신(灶王神)에게 제사를 지내며 주방 벽 위의 신상 앞에 엿 「맥아당(麦芽糖)」을 바친다. 이는 조왕신이 하늘에 올라가 백성들의 한 해 소행을 일일이 보고할 때 자신에게 달콤한 말만하여 복을 가져다 주고, 엿이 입에 붙어 나쁜 말을 못하길 바라기 때문이라 한다. 춘절 하루 전인 음력 섣달 그믐날에는 귀신을 쫓는 신의 이름이나 상을 그려 복을 기원하는 연화(年画)나 붉은 종이에 신춘과 관련된 글귀를 쓴 춘련(春联)을 집안에 붙인다.

▌ 히나마쓰리(雛祭り)

　원래 중국에서 3월 3일에 물가에 나와 액막이 행사를 하는 풍습이었는데 일본에 수입된 것이다. 인형을 장식하고 행복을 기원하는 일은 3월3일 외에도 小正月·端午·八朔 등에도 행해졌는데 점차로 3월 3일로 固定되었다.
　히나마쓰리(雛祭り)는 3월3일 上巳에 여자아이가 있는 집에서 인형을 장식하는 5~7단의 인형단을 만들고, 그 배후에 병풍을 치고 최상단에 천황과 황후 그 하단에 3명의 궁녀·좌대신과 우대신·그 아래에 5명의 궁중악사·3명의 호위사관을, 그 외에도 도화주를 비롯 차도구·경대·반짓고리·큰북 그 아래에 5명의 궁중악사·3명의 호위사관을, 그 외에도 도화주를 비롯 차도구·경대·반짓고리·큰북·작은북·어가·가마 등 황실용의 모형들도 장식하고 여자아이의 행복을 기원하는 행사이다.

제3과 병원에서

B : 请挂个号.

受付おねがいします。
Register, Please.

A : 您看哪一科?

あなたは何科にかかるのですか
Which department?

B : 我脚扭伤了.

私は足を挫きました。
I sprained my foot.

A：就挂推拿科吧.

マッサージにかかりましょう。
Just register at the massage department.

B：好.

はい。お願いします。
OK.

A：请填写一张病历卡，写上您的姓名，年龄，性别.

どうぞ　診察カードを書いてください。
名前と年齢と性別も書いてください。
Please fill out a medical record, fill in your name, occupation and sex.

B：好的. 这样填写对不对?

はい、このように書いて間違いありませんか。
OK. Is it all right?

A : 对. 请到二楼外宾就诊室去, 那儿有电梯.

いいです、二階の外国人診察室までどうそ。
そこにエレベートがあります。
Yes. Please go to the first floor and enter the foreigner consulting room.
This elevator is over there.

B : 谢谢!

ありがとうございます。
Thank you!

1. 장소 의문대명사

哪, 哪里는 어느, 어느 곳 등 장소를 물을 때 사용한다.

　　你住在哪里?　　　　너 어디 살고 있니?
　　这话你是从哪里听来的?　이 말을 너는 어디에서 들었니?

2. 지시대명사

　지시대명사는 사람, 사물, 장소, 시간, 성질, 상태, 동작, 정도 등을 대신하거나 가리키는 단어이다. 这, 那에 里나 儿을 붙여 이 곳, 저 곳을 표현한다.

3. 的

　구조조사 的은 단어나 구 뒤에 붙어 문법관계를 나타낸다. 관형어가 동사나 동사구, 형용사구, 형용사의 중첩, 명사나 대명사이고 소유관계를 나타낼 때 그 뒤에 的을 사용한다.

　　吃饭的人很多.　　　　식사를 하는 사람이 많다.
　　软软的米糕最好吃.　　말랑말랑한 떡이 제일 많있다.

4. 吧

　어기조사 吧는 문장 끝에 놓여 사람의 기분을 나타낸다. 吧는 명령, 건의, 추측을 나타낸다.

这是你的吧? 　　　　　　　이것 너의 것이지?

咱们休息一会儿吧. 　　　　우리 잠시 쉬자.

你快睡吧. 　　　　　　　　빨리 자거라.

연 습

1. 대화연습

A : 请给挂我个号.

B : 您要看哪一科?

A : 我感冒了.

B : 那就挂内科.

2. 성조연습

[3성 + 4성]

• 好看	hǎokàn	예쁘다, 보기 좋다
• 比较	bǐjiào	비교적
• 准备	zhǔnbèi	준비하다
• 早饭	zǎofàn	조반, 아침밥
• 午饭	wǔfàn	점심
• 眼镜	yǎnjìng	안경
• 礼物	lǐwù	선물

[3성 + 경성]

- 哪边　　　nǎbian　　　어느 곳, 어느 쪽
- 奶奶　　　nǎinai　　　할머니
- 饺子　　　jiǎozi　　　교자, 만두
- 哪里　　　nǎli　　　어디
- 晚上　　　wǎnshang　　　저녁
- 点心　　　diǎnxin　　　과자, 간식

3. 빈칸 넣기

〈보기〉 挂　爬　扭　是　躺　写

① 我的脚(　)伤了.

② 请填(　)一张病历卡.

③ 你去(　)号看病吧.

④ 明天我们去(　)山.

⑤ 这儿(　)推拿科吗?

⑥ 你(　)在床上.

▌ 경극

경극(京劇)은 중국 희곡 중 하나로, 중의학(中醫学)과 중국화(中国画)와 함께 중국의 3대 국수(国粹) 가운데 하나이다. 경극은 베이징을 중심으로 발달된, 중국인이 가장 좋아하는 창극 예술로 서양에서는 베이징 오페라(Beijing Opera)라 부른다. 경극이 출현한 시기는 청나라 중기 이후라고 한다. 그 이전의 중국 연극은 원대에 유행한 잡극이 발달하였으며, 명·청대에는 지방색이 풍부한 연극이 각지에서 발달하여 많은 백성들의 사랑을 받았다. 그 뒤로도 각 지방에서 다양한 연극이 발달하였는데 청나라 중기 이후부터 이러한 지방의 극단이 너나없이 베이징으로 몰려들어 경쟁하였으며, 그것이 자연스럽게 오늘날의 경극이 되었다. 경극은 천카이거(陈凯歌) 감독이 연출한 〈패왕별희(霸王別姬)〉를 보면 신비감을 느낄 수 있다. 〈패왕별희〉는 초패왕 항우(项羽)와 그녀의 연인인 우희(虞姬)와의 애절한 사랑을 담은 경극을 통해서 잘 나타나 있다.

▌ 노(能)

노(能)는 사루가쿠(猿楽)의 能芸·伎能·芸能의 略称으로 일본의 고전예능의 일종이다.

원래는 뎅가쿠(田楽)의 能·사루가쿠(猿楽)의 能들이 있었는데 後에 사루가쿠(猿楽)만이 성행하게 되어 사루가쿠의 노(猿楽의 能)의 略称이 되었다.

猿楽能은 지붕이 있는 전용무대·탈·각본·음악·연기에 독자의 양식을 갖춘 歌儛劇으로 남북조(南北朝)시대부터 무로마치(室町) 초기에 걸쳐 발달하였다. 그리고 에도(江戸) 중기에 様式의 완성을 보았다.

명치(明治) 이후 노가쿠(能楽)를 猿楽能의 의미 또는 猿楽能와 狂言(쿄겐)의 복합의미로 사용하게 되었는데 現代에는 후자의 용법이 보통이다.

제4과 호텔에서

대화문

A : 你们要住宿吗?

ご宿泊なさいますか。
Do you want to get accommodation?

B : 对, 有空房间吗?

はい、空いている部屋がありますか。
Yes. Have you got any empty rooms?

A : 有, 有单人的, 也有双人的.

ございます。一人部屋も二人部屋もあります。
Yes. We have both single and double rooms.

B : 我和林小姐，都要单人房间．

私もリンダさんもひとり部屋がいいのですが。
Miss Lin and I all want single room for each.

A : 你们是…

みなさんは。
You are...

C : 我们是好朋友．要安静点儿的客房．

私たちはいい友だちです。すこし静かなへやがいいですが。
We are good friends. We want quiet rooms.

A : 噢，好的．我们的客房都很安静，很舒适．

ええ、結構です。私どものお部屋はすべて静かで快適です。
OK! All of our rooms are quiet and comfortable.

C : 客房里有电话，卫生设备吗?

部屋のなかに電話とバッスとトイレはありますか。
Is it with telephone and bathroom?

A : 有. 有淋浴, 有厕所.

シャワーとトイレがあります。
Yes. It has shower and toilet.

B : 住一天要多少钱?

一泊いくらかかりますか。
How much for a night?

A : 有150元的, 也有60元的, 你们住几天?

150円のも60円のもありますが、何泊されますか。
We have the rooms both for 150 yuan and 60 yuan. How long are you going to stay here?

B : 便宜点的, 住三天, 可以吗?

少し安い部屋で3泊したいのですがよろしいですか。
Can we have the cheaper one for three days?

A : 可以. 我们提供最佳服务.

いいです。私たちは最上のサービスを提供します。
Yes. We'll provide you with the best services.

B : 谢谢! 请问餐厅在哪儿?

ありがとうございます。すこしお聞きしたいのですが、
レストランはどこにありますか。
Thank you! Where is the restaurant?

A : 在二楼. 晚饭五点半开始.

二階でございます。食事は五時からです。
At the first floor. We have supper at 5:30.

해설

1. 有

동사 有는 동작, 행위를 표시하는 것이 아니고, 다만 존재, 소유의 의미를 나타낸다. 문장에서 술어로 쓰이며 목적어를 가진다. 有와 목적어 사이에는 때때로 수량사가 들어간다.

我有很多中文书.　　　　나는 중국어 책을 많이 가지고 있다.
我们班有十五个学生.　　우리반은 열다섯 명의 학생이 있다.

문장의 주어는 항상 방향, 처소, 시간을 나타내는 명사이다.

书架上有很多书.　　　　책꽂이에 많은 책이 있다.
学校旁边有一个邮局.　　학교 옆에 우체국이 있다.

2. 在

在가 전치사로 쓰이면 동작발생의 장소와 시간을 나타낸다. 在로 이루어지는 전치사구조는 동사 앞에 놓여 부사어가 될 수도 있고 동사 뒤에 놓여 보어 역할을 할 수도 있다.

我们在这儿照张相, 留个纪念吧.　　여기서 사진을 찍어 기념으로 남기자.
在哪儿办理托运?　　　　　　　　어디에서 소포를 보내니?

3. 多少와 几

几는 10 이하의 숫자나 수량을 물을 때 쓴다. '几 + 양사'의 형태로 표현한다. 10 이상의 숫자, 수량이나 건물 호수, 전화번호를 물을 때는 多少를 사용한다.

你家有几口人?　　　가족이 몇명이니?

你们班有多少学生?　너희 반은 학생이 몇명이니?

4. 부사 很

부사 很은 형용사, 동사 앞에 높여 정도를 나타낸다. 很의 앞 또는 뒤에 不가 오면 부정형이 된다. 그러나 놓이는 위치에 따라 부정의 정도가 다르다. 很不好는 배우 좋지 않다, 不很好는 썩 좋지는 않지만, '그런대로~'의 의미이다.

5. 중국의 화폐단위

중국의 화폐단위는 문어체에서 '元, 角, 分', 구어체에서 '块, 毛, 分'을 많이 사용한다.

연 습

1. 발음연습

① y - ǒu - yǒu　　　k - ōng - kōng

f - áng - fáng　　j - iān - jiān　　　m - a - ma

② zh - ù - zhù　　　y - ì - yì　　　　t - iān - tiān

y - ào - yào　　　d - uō - duō　　sh - ao - shao

q - ián - qián

2. 성조연습

[1성 + 1성]

- gānggāng   刚刚   막, 방금
- xiāngdāng   相当   상당히
- chōuyān   抽烟   담배 피우다
- bīngxiāng   冰箱   냉장고, 아이스박스
- fēijī   飞机   비행기
- kāidāo   开刀   수술하다

[4성 + 1성]

- 上车   shàngchē   차를 타다, 차에 오르다, 승차하다
- 互相   hùxiāng   서로
- 退休   tuìxiū   은퇴하다
- 大家   dàjiā   모두
- 面包   miànbāo   빵
- 信心   xìnxīn   자신, 확신, 신념
- 证书   zhèngshū   증서, 증명서

3. 어휘연습

	중국어	일본어	한국어
miànfěn			
jīdàn			
kāishuǐ			
zhūròu			
xiáncài			

 중일 문화 엿보기

서예

서예는 중국 문자의 상형성이 만들어낸 예술의 하나로 중국에서는 '서법(书法)', 한국에서는 '서예(书艺)', 일본에서는 '서도(书道)'라 각각 칭한다. 서예는 한자의 형태를 전달의 매개체로 삼고, 또 문자의 선을 구성하는 것을 중요한 표현으로 삼는 예술이다. 하지만 서예는 단순한 예술의 하나이기보다는 중국문화의 중심축이었던 사대부들의 풍류였고 수양을 위한 것이기도 하였다. 예로부터 중국의 사대부들은 시서화(诗书画)에 대단한 관심을 나타냈다. 사대부들은 그들이 지녀야 할 여러 덕목 가운데 시 짓기에 뛰어나고 글씨를 잘 써야 했으며, 그림을 잘 그려야 한다고 여겼다. 시와 서예 그리고 그림을 '삼절(三绝)'이라고 한 까닭은 바로 이런 연유에서 비롯되었다.

중국의 서예가 중에서 유명한 이로는 왕희지(王羲之)를 비롯하여 안진경(颜真卿), 구양순(欧阳询), 소식(苏轼) 등 참으로 많다.

가부키(歌舞伎)

가부키(歌舞伎)는 가부쿠(傾く)에서 유래한 말로 華美한 風態를 하거나 색다른 言動을 가리킨다. 근세 초기에 발생한 일본교육의 연극으로 이즈모다이샤(出雲大社)의 무녀 오쿠니(阿国)가 念仏춤을 추었던 것이 시초이다.

이 온나가부키(女歌舞伎)는 처음에 인기를 모았는데 풍속을 어지럽힌다는 이유로 금지되고 대신에 美少年中心의 와카슈가부키(若衆歌舞伎)·男子가 연기하는 야로우가부키(野郎歌舞伎)가 출현하였다. 그리고 점차로 技芸本位가 되었다.

가부키의 작품은 내용에 따라서 지다이모노(時代物)·세와모노(世話物)·오이에모노(お家物)등으로 구별한다. 작품의 주제는 충신의 이야기·사랑 이야기·시정의 이야기등 다양하다.

가부키 무대의 특징으로 하나미치(花道)를 들 수 있다. 또한 분장법으로 구마도리(隈取り)가 있는데 이것은 배우가 관객에게 전하고 싶어하는 감정을 고조시키거나, 인물의 성격·감정을 표현한다.

제5과 식사 초대

A : 今天, 我请你吃晚饭.

今日は私がごちそうします。
I invite you to dinner today.

B : 我太高兴了! 去哪家饭店?

それは　うれしいです。どこのレストランにしますか。
I'm too glad! Which restaurant?

A : 去四川饭店吃四川菜吧.

四川食堂で四川料理にしましょうか。
We'll go to Sichuan Restaurant to have some Sichuan dishes.

B : 好! 我们去中餐.

いいですね。中華料理に食べに行きましょうか。
OK! We'll have some Chinese meals.

A : 我们几点钟去?

何時に行きますか。
When shall we go?

B : 我已经饿了，现在就去.

私はもうお腹が空きました。今すぐ行きましょう。
Just now, I'm hungry.

A : 好，走吧!

いいですよ。行きましょう
OK! Let's go.

C : 你们好! 请这儿坐.

いらっしゃいませ。どうぞ　お掛けください。
Hello. Sit down, please.

A：谢谢!

ありがとうございます。
Thank you!

C：这是菜单, 请点菜.

こちらは　メニューです。ご注文どうぞ。
This is menu, please order.

B：请介绍一下你们的拿手菜, 好吗?

ここのおすすめの料理を紹介して下さい。よろしいですか。
Would you like recommend us what your specciality is?

C：我们的辣子鸡, 麻辣豆腐, 辣爆肉丁很有名

私たちの辣子鶏, 麻辣豆腐, 辣爆肉丁はとても有名です。
The specciality of us are chicken in chilli sauce, slir-fried bean curd in hot sauce and diced pork with chilli.

A：就要这三个菜.

それじゃ、その三つをおねがいします。
Just these.

C : 还要点儿什麼?

また　なにか　ご注文ございませんか。
Anything else?

B : 还要一碗三鲜汤.

あの三鮮湯を一つお願いします。
We'd like a coup of three delicacies.

A : 再来一瓶茅台酒, 两杯啤酒.

それに茅台酒一本とビール二杯おねがいします。
And a bottle of Mao-Tai, two cups beer.

C : 好. 请先用茶, 稍等一会儿.

かしこまりました。お先にお茶を飲みながらしばらくお待ちください。
OK! Have some tea and wait a minute.

A : 一共多少钱?

全部でいくらですか。
How much for these?

C : 吃完再结帐.

お食事の後でご清算いたします。
You may pay the bill after you have finished.

1. 연동문

한 문장에서 하나의 주어에 두 개 이상의 동사, 동사구가 연속적으로 사용된 문장이다.

我们去食堂吃饭.　　　우리 식당에 가서 식사하자.
我去看电影.　　　　　나는 영화 보러 간다.

2. 겸어문

문장에서 술어가 두 개의 동사구조로 되어 있다. 첫 번째 동사의 목적어가 두 번째 동사의 주어인 문장형식이다.

我请你吃中国菜.　　　내가 너에게 식사를 사겠다.

3. 已经

부사 已经은 동사를 수식하는 부사어로 쓰이거나, 형용사 혹은 전체 문장 수식한다. 就, 才, 还, 再, 稍, 一共 등 부사는 주로 정도, 범위, 시간 등을 나타낸다.

九点上课, 他八点就来了.　　　9시에 수업 시작인데 그는 8시에 벌써 왔다.
报名的才两个人.　　　　　　등록한 사람이 겨우 두 명이다.

4. 一点儿

一点儿은 소량의 부정량을 나타내는 량사이다. 구어에 있어서 문장의 첫머리에 놓이지 않으면, 一는 생략할 수 있다.

咖啡里请放(一)点儿糖.　　커피에 설탕을 좀 넣어라.
今天忙一点儿.　　　　　　오늘 조금 바쁘다.

一点儿은 명사를 수식한다. 언어환경이 뚜렷할 때에는 그것이 수식하는 명사는 생략할 수 있다.

5. 一会儿

동사 뒤에 붙어 '잠시, 잠깐 동안'의 짧은 시간을 나타낸다.
'一下'(좀, 한 번)와 같은 의미이다.

1. 발음연습

wǔfàn　　　　shuǐguǒ　　　dòujiāng　　　cù
mǐfàn　　　　mántou　　　　miàntiáo　　　diǎnxin

2. 성조연습

[1성 + 2성]

- 欢迎   huānyíng   환영(하다)
- 汤匙   tāngchí   (중국식의) 국 숟가락
- 钟头   zhōngtóu   시간
- 公园   gōngyuán   공원
- 菠萝   bōluó   파인애플
- 冰雹   bīngbáo   우박

[4성 + 2성]

- 进来   jìnlái   들어오다
- 练习   liànxí   연습하다
- 一直   yìzhí   곧바로, 줄곧
- 复杂   fùzá   복잡하다
- 价钱   jiàqián   가격, 값
- 报名   bàomíng   신청하다

3. 읽기연습

① Nǐ hǎo !

② Nǐ dǒng le ma?

③ Wǒ hěn máng.

④ 他叫什麼名字?

⑤ 我们学习汉语.

⑥ 我读课文.

▌ 치파오

치파오는 청대(清代)에 만들어진 전통의상이다. 남녀 의상을 통틀어 이르지만, 보통 원피스 형태의 여성 의복을 말한다. 몸에 딱 맞는 옷맵시와 치마에 옆트임을 주어 실용성과 여성미가 돋보인다. 옷깃은 차이니즈 칼라라고 불리는 스탠드 칼라이며, 치마와 소매의 길이도 다양하다.

치파오느 만주족(満洲族) 기인(旗人)들의 옷에서 유래하였다. 청나라 순치제(順治帝) 원년에 수도를 베이징[北京]으로 옮기면서 치파오가 중원에 보급된 후 청나라 후기에 이르러 한족이 만주족의 옷차림을 모방하며 인기를 얻었다.

신해혁명을 거치며 서양식 의상의 영향을 받아 이전의 화려하고 복잡한 형태에서 간결한 디자인과 우아한 색깔로 변하였다. 1920년대 말에서 1930년대 초에는 서양의 미니스커트의 영향으로 치파오의 치마와 소매 길이가 무릎과 팔꿈치까지 짧아졌다. 1930년대 중반에는 다시 치마가 땅에 닿을 정도로 길어졌다. 반면 옆트임은 허벅지까지 올라갈 정도로 과감해졌고, 허리선 역시 더욱 강조되었다.

1940년대 들어와 실용성이 강조되면서 치파오의 길이가 다시 짧아져 종아리까지 올라갔다. 또 장식을 배제한 단순한 형태가 주를 이루었다. 1966년부터 10년 동안 문화 대혁명 시기에는 다른 전통 문화와 마찬가지로 치파오 역시 쇠퇴기를 맞았다. 그러나 세계적으로는 그 독창성과 아름다움을 인정받아 국제패션대회에서 수상을 하는 등 홍콩·타이완·화교 등을 중심으로 계속 발전하였다. 현재는 다양한 옷감과 디자인으로 중국의 예복으로 자리잡았다.

▌ 일본의 의상

일상생활에서 일본인들이 전통의상인 기모노를 입는 경우는 특별한 예식이나 행사가 있을 때다. 일본어로 기모노는 '옷'을 가리키는 말이다. 우리의 한복과 같은 전통의상에 대해 일본에서는 와후쿠(和服)라는 말을 사용하지만, 기모노도 전통의상을 가리키는 말로

통용된다. 기모노에는 다양한 종류가 있다. 오늘날 불꽃놀이나 각종 마쓰리 등에서 입는 유카타는 원래 목욕가운 겸 잠옷으로 사용된 것으로, 이후 외출용으로 발전하면서 현대인의 사랑을 받게 되었다.

전통적인 일본 가옥은 목조 건물이며, 주거공간은 자연환경과 밀접한 관련이 있다. 북부지방은 눈이 많이 내리기 때문에 급경사로 된 지붕들이 많다. 목조 건물이 많은 이유는 습기가 많기 때문이다. 집안의 미닫이나 칸막이에는 나무와 종이를 사용했고, 방바닥은 통풍이 잘 되며 습기를 방지하는 데 유용한 다다미를 깔았다. 현재 도심을 중심으로 일본에도 고층 아파트가 늘어나는 추세이나, 일본인들은 여전히 일본식 가옥을 선호한다.

2장에서는 일본인의 의복 문화와 주거생활을 살펴본다. 양복이 보편화된 일본사회에서 전통의복이 어떻게 계승되었으며, 어떤 역할과 의미를 가지는지 고찰한다. 또한 주거공간이 양옥으로 바뀌면서 전통가옥의 구조가 양옥과 어떻게 조화를 이루게 되었는지 살펴본다. 더불어 전통가옥의 시설물이 현대 생활 속에 어떻게 남아 있는지도 생각해 본다.

제6과 세관에서

대화문

A : 请出示行李申报单.

荷物お届け表を提出して下さい。
Will you show me your customs declaration?

B : 好, 请看.

はい、ご覧ください。
Yes. please have a look.

A : 请打开您的箱子.

トランクを開けてください
Open your box, please.

B : 打开了, 请检验

開けました。どうそ。検査してください。
I've opened it. Just have an inspection.

A : 包里是什麽东西?

この荷物は何ですか。
What's in the bag?

B : 噢, 是随身衣物, 还有送朋友的礼物.

えーと、お服と友だちのためのプレゼントです。
Oh, these are my personnal effects and some gifts for my friends.

A : 您带了两个照相机?

2台のカメラをお持ちですか。
Do you bring two cameras?

B : 对，两个.

はい。2台です。
Yes, two.

A : 多带一个要交税.

一台持っているので税金を払う必要があります。
You must pay tax for the extra one.

B : 好的，我交税.

わかりました。はらいます。
OK! I pay.

A : 还有什麼要申报吗?

ほかに何か申告する物はありますか。
Is there anything to declare?

B : 没有了.

ありません。
No.

A : 行了，手续办完了. 祝您旅行愉快.

いいです。これで手続きはおわりです。
あなたの旅行が楽しくなれるようお祈りします。
OK! That's over. Have a nice trip.
.

B : 谢谢. 再见

ありがとうございます。さようなら。
Thank you. Goodbye!

1. 조동사 要

要는 '～해야 한다. ～하지 않으면 안 된다. ～할 필요가 있다.'의 당연을 나타낸다. 또한 '～하고 싶다'의 의미로 想와 유사하여 想대신 써도 문장 전체에 차이가 없다. 그러나 想은 要보다 좀 가벼운 바램을 나타낸다. 想은 要와 함께 想要로 쓰기도 한다.

今天要早点儿去.　　　　　　오늘은 좀 일찍 가야한다.

我要学中文.　　　　　　　　나는 중국어를 배우고 싶다.

我想在上海停留一天, 可以吗?　나는 상해에서 하루 동안 머물고 싶은데, 괜찮겠니?

2. 결과보어 完

完은 모든 동작이 끝났음을 나타낸다. 동사 뒤에 붙어서 동작의 결과를 보충하여 설명해 주는 결과보어로 쓰인다. 결과보어는 항상 到, 着, 对, 错, 在, 住, 见, 懂, 好 등 형용사나 동사로 충당하고 뒤에 了를 지닌다. 부정형식은 동사 앞에 没·没有를 놓고, 뒤에는 了를 지니지 않는다.

报告,写完了吗?　　　　　보고서를 다 썼느냐?

凤梨, 卖完了.　　　　　　파인애플을 다 팔았다.

1. 발음연습

① Nǐ shì jǐ niánjí de? Wǒ shì yī niánjí de.

② Wǒ hěn xiǎng qù Zhōngguó liúxué.

③ Qù Měiguó liúxué xuéfèi hěn gāo.

2. 성조연습

[1성 + 3성]

· 黑板	hēibǎn	칠판
· 机场	jīchǎng	비행장
· 听懂	tīngdǒng	듣고 이해하다
· 说谎	shuōhuǎng	거짓말하다
· 亲眼	qīnyǎn	직접, 친히
· 发展	fāzhǎn	발전, 발전하다

[4성 + 3성]

· 一点儿	yìdiǎnr	약간, 조금
· 问好	wèn hǎo	안부를 묻다
· 市场	shìchǎng	시장
· 自己	zìjǐ	자기, 자신
· 看懂	kàndǒng	보고 이해하다
· 地址	dìzhǐ	주소

▍ 전통혼례

전통혼례는 그 절차가 매우 복잡하다. 결혼 당사자들의 의지보다는 두 집안이 서로 수준에 맞는지 「문당호대(门当户对)」가 혼인의 관건이었다. 주(周)나라 때부터 지켜 온 혼인 절차는 한(汉)나라에 이르러 '육례(六礼)'라는 완성된 격식을 갖게 되었다. 육례를 간단히 말하면, 납채(纳采)·문명(问名)·납길(纳吉)·납징(纳徵)·청기(请期)·친영(亲迎)이 있다.

이러한 결혼 풍습은 1950년 중국 정부가 남녀평등에 입각해 혼인법을 제정·공포함으로써, 결혼 의식의 간편화와 자주적 애정 위주의 혼인이 보편화되었다. 1980년 9월에는 이 혼인법을 개선해 혼인 연령을 상향 조정하여 신혼인법을 공포하였다. 오늘날의 결혼 풍습은 매우 다양해졌으나, 일반적으로 식당이나 집에서 손님을 초청해 결혼 잔치를 벌인다. 신랑과 신부는 손님에게 결혼 술 「喜酒」을 따르고 결혼 담배 「喜烟」를 권하며, 손님들도 신랑, 신부에게 술을 권한다. 요즘은 결혼 비용이 날로 급증해 부담이 큰 편인데도, 젊은 이들은 결혼식에 돈을 아끼지 않는다. 빚을 안고서라도 결혼예복을 잘 차려 입고 자신들의 몇 달 월급에 해당하는 비싼 비디오 촬영을 하는 것이 지금 유행하는 결혼풍속도이다.

▍ 일본의 결혼

약혼이 성사되면, 중매인은 우선 남자의 집으로 가서 다음과 같은 것들을 약혼의 징표로 여자의 집에 가지고 간다. 노시(색종이를 접어서 위가 넓고 길쭉한 육각형으로 만들고, 그 속에 엷게 저며 펴서 말린 전복을 붙여서 선물 위에 얹어 보내는 것), 접부채, 삼실, 다시마, 말린 오징어, 가다랭어포, 술통, 돈주머니, 목록 등인데 돈주머니 안에는 약혼선물로 건네는 돈을 넣는데 그 액수는 남자 월급의 2~3배가 보통이다.

여자의 집에서는 남자의 집에서 보내온 예물을 도코노마라고 하는 방에 장식해 놓고, 중매인을 통해 남자의 집으로 약혼 예물을 보내는데 그 액수는 남자 쪽에서 보내온 금액의 반액 정도가 일반적이다. 그러나 최근에는 20% 정도로 바뀌었다고 한다.

과거엔 보통 집에서 결혼식을 했으나 최근에는 많은 사람들이 결혼식장, 호텔을 이용한다.

제7과 은행에서－환전

대화문

B : 请问, 什麼地方可以兑换外币?

すみません、両替はどこですか。
Where can I change money?

A : 中国银行, 友谊商店和大宾馆都可以换.

中国銀行、 友誼商店、大きなホテルなどで両替できます。
You can change money at Bank of China, the Friend-ship Store and big hoteks.

C : 谢谢你!

ありがとうございます。
Thank you!

A : 不客气!

どういたしまして。
Not at all!

D : 您要换钱吗?

りょうがえですか。
Do you want to change money?

B : 是的. 美元换人民币.

はい、ドルを人民元に両替できますか。
Yes. I want to change dollars into RMB.

D : 请你们每人填写一张兑换单

どうぞ、みなさん、この用紙に記入してください。
Please fill in a form of money change each one.

C : 好的. 可是...怎麼填写?

はい、でも　どう書いたらいいですか
OK! But... how can I fill in it?

D : 写上你们的姓名，国籍.

姓名と国籍を記入してください。
Fill in your name and nationality.

B : 明白了.

わかりました。
Yes, I see.

D : 噢，请问你们带的是现金，还是旅行支票?

すみません、お持ちのは現金ですか、
トラベラーズチェックですか。
Oh, you bring cash or traveler's checks?

B : 我带的是旅行支票.

私がもっているのはトラベラーズチェックです。
I bring traveler's checks.

D : 你要签字，还要填写的号码.

サインをおねがいします。
それとパスポート番号を記入してください。
You must sign your name and fill in the number of your passport.

C : 我带的现金呢?

私は現金を持って来ましたが。
If I bring cash?

D : 不要签字和填写讵照号码.

サインもパスーポート番号も要りません。
You needn't sign your name and fill in the number of passport.

B : 我可以用英文填写吗?

私は英語で書いてもいいですか。
Can I fill it in English?

C : 我用日语写可以吗?

私は日本語で書いてもいいですか。
Can I fill it in Japanese?

D : 都可以.

どちらでも結構です。
Both can do.

B : 我要换三百美元

わたしは300ドル両替したいです。
I want to change 300 dollars.

C : 我换五万日元

わたしはご万円両替したいです。
I want to change 50,000 yen.

D : 好的. 请稍等一下.

はい、少々お待ちください。
OK! Wait a minute...

好! 这是你们兑换的钱, 请数一下.

はい、これがみなさんの両替したおかねです。
どうぞ確認してください。
All right. This is the money your want to change. Check it please.

C : 对的, 没错. 谢谢!

はい、確認しました。どうも　ありがとうございます。
That's all right. Thank you.

D : 欢迎你们再来. 再见

また、ご利用ください。さようなら。
You're welcome. Goodbye!

B, C : 再见

さようなら。
Goodbye!

1. 선택 의문문

접속사 还是를 사용해 두 가지 중에서 적당한 것을 선택하는 의문문이다.

他去还是你去!   그가 가니, 아니면 네가 가니?

2. 呢

呢는 문장의 끝에 놓여 구체적인 의문을 줄인 의문을 나타낸다. 확실한 상황에서의 명사/대명사 + 呢는 怎麼样(어떠하냐?)의 뜻이다.

3. 再

再 는 동사 앞에 놓여 동작, 상황의 발생이 반복되는 것을 나타낸다. 再는 동작이 아직 실현되지 않았거나 가정, 추측의 성격을 지닌다.

4. 접속사 和

접속사는 문장성분이 될 수 없다. 和, 跟, 然後, 可是, 只要 등 접속사를 사용해 단어와 단어, 구와 구, 절과 절 등을 연결하여 문장을 구성한다. 두 개의 절은 하나의 접속사를 사용하여 연결할 수 있고, 서로 호응하는 두 개의 접속사를 사용하여 연결할 수 있다. 이외에 단어와 구를 연결하여 연접, 점층, 선택, 전환, 인과 조건 등의 논리관계를 나타낸다.

李老师跟我是北京人.   이 선생님과 나는 베이징 사람이다.
你想喝咖啡还是喝可口可乐?   너는 커피 마실래, 아니면 콜라 마실래?

1. 발음연습

① Jīntiān xiàwǔ wǒ xiǎng qù túshūguǎn jiè jǐ běn shū.

② Wǒ duì xiànzài de zhuānyè bù gǎn xīngqù, wǒ xiǎng huàn yī gè xīnzhuānyè.

2. 성조연습

[1성 + 4성]

· 工作	gōngzuò	일
· 生气	shēngqì	화를 내다
· 车站	chēzhàn	정거장, 정류소
· 书架	shūjià	서가, 책장
· 公寓	gōngyù	아파트
· 医院	yīyuàn	병원

[4성 + 4성]

· 汉字	Hànzì	한자
· 重要	zhòngyào	중요하다
· 报告	bàogào	보고(하다), 보고서
· 上次	shàng cì	지난 번
· 宿舍	sùshè	기숙사
· 附近	fùjìn	부근, 근처
· 介绍	jièshào	소개하다
· 设备	shèbèi	설비하다

3. 읽기연습

Zhè cì qīzhōng kǎoshì Wáng Xiǎoníng kǎo de hěn hǎo, wǒ kǎo dé bù tài hǎo. Wáng Xiǎoníng de gāoshù kǎo dé mǎmǎhūhū, bié de dōu hěn yōuxiù. Wǒ tǔmù gōngchéng hái kěyǐ, qítā jǐ mén dōu bù zěnmeyàng. Qíshí, kǎoshì qián wǒ fùxí dé yě hěn rènzhēn, dàn wǒ fùxí de nèiróng lǎoshī piānpiān bù kǎo. Wáng Xiǎoníng shuō wǒ fùxí dé bù quánmiàn, hái ānwèi wǒ shuō qīzhōng kǎoshì kǎo bù hǎo méi guānxì, zhǐyào nǔlì, qīmò kǎoshì yīdìng néng qǔ dé hǎo chéngjì. Fǎnzhèng yǐjīng kǎo wán le, wǒ yě bù xiǎng le. Wǎnshàng wǒmen yào chūqù hējiǔ, hǎohǎor fàngsōng fàngsōng!

중일 문화 엿보기

▌중국의 종교

중국은 다종교 국가이다. 중국의 신도들이 주로 신봉하는 종교는 불교, 도교, 이슬람교, 천주교 및 기독교가 있다. 중국의 헌법 제34조 및 제36조, 민법통칙 제36조, 제37조, 제71조 및 제77조에서는 종교신앙의 자유를 존중하고 보호하는 것으로 되어 있다. 중국의 국민은 자유롭게 자신의 신앙을 선택하고 표현할 수 있으며, 종교 신분을 표명할 수 있다. 그러나 중국 정부는 법에 따른 종교활동의 관리를 강화하고 있다. 그리고 종교와 정치를 분리하고, 종교와 교육을 분리하는 원칙을 고수하고 있으며, 종교계 인사의 단결 및 교육을 강화하고 있다. 그 외에도 당(党)과 정부의 종교 활동에 대한 지도도 강화하고 있다.

종교 광신을 이용하여 인민과 국가를 분열시키거나, 각 민족 사이의 단결을 파괴하는 민족분열주의를 단호히 반대한다. 또한 종교를 이용하여 불법 활동과 공포주의를 조장하는 활동을 단호히 반대한다.

중국 정부는 국제 사회의 종교신앙 영역에서 공인된 원칙을 존중하며, 이런 원칙이 반드시 각국의 구체적인 상황과 서로 결부되어야 하며, 또한 각국의 국내 법률을 통해 실시되어야 한다고 여기고 있다. 따라서 중국 정부는 종교 영역에서 대항을 일으키는 것을 반대하며, 종교를 이용하여 다른 나라 내정에 간섭하는 것을 반대한다.

▌일본의 종교

신도는 일본 고유의 자연종교이며 신도의 신을 제사 지내는 곳이 신사이다. 신도에서 말하는 신은 무수히 존재하며 처음에는 자연물이나 자연현상도 신이라 여기는 샤머니즘적인 성격을 지니고 있었지만 점차로 조상을 숭배하는 일본인의 마음의 중심으로 자리잡게 되었다.

일본 고대의 신앙은 사람들의 일상적인 습속과 깊은 관련을 가지고 있던 신앙으로써, 자연발생적인 것인데 이것이 체계화된 것은 불교라고 하는 새로운 종교가 일본에 전래되면서부터다.

　고대로부터의 원시적 신앙을 불교에 대항 할 수 있는 이론과 조직을 겸비한 명실상부한 하나의 종교로 편성하기 위한 노력이 계속되게 되는데, 그것이 국가신도의 성립으로 연결되게 된 것이다. 불교와 신도는, 다소 혼합되는 점이 있긴 했으나 일체화되는 일없이 서로 구별을 유지하면서 공존하는 형태가 오늘날까지 이어지고 있다. 에도 시대에는, 제도로써 사원이 매장행사를 책임지고 관리하게 됨으로 인해 거의 대부분의 일본인이 불교와 관계하게 되었다. 그러나, 한편으로 일상의 신앙으로써 신도는 계속해서 명맥을 유지하게 된다. 원시적 종교의 기반 위에 고도로 조직화된 종교가 더불어 존재한다고 하는 현상은, 기독교나 이슬람교의 전파의 경우에 있어서도 찾아 볼 수 있는 역사적 사실이다.

제8과 우체국에서

대화문

B : 我要寄一个包里到日本神户.

私は荷物を日本の神戸に送りたいのですが、
I'd like to post a parcel to Shenhu, Japan.

A : 你寄什麼东西?

あなたはどんな物をおくりますか。
What's in it?

B : 绸衬衣和中药

絹のシャツと漢方薬です。
Silk blouses and Chinese Medicine.

A：対不起. 根据我国规定, 这种中药不能寄.

申し訳ありません、
国の規則ではこの種類の漢方薬は郵送できません。
I'm sorry. According to the rule of our country, this Chinese Medicine can't be posted.

B：那麼, 我寄绸衬衣行吗?

では、絹のシャツは郵送できますか。
Well. Can I post the silk blouses?

A：行. 请填写一张包里单.

できます。どうぞ小包用の用紙に記入してください。
All right. Please fill in a post application.

B：填好了, 给!

書きました。お願いします。
That's fine. Here you are.

A : 秤一下包里的重量. 请付十八块四毛寄费.

重さを量ってみましょう。
Let me scale it. That's 18.40 yuan for postage.

B : 喏, 给你.

はい、お願いします。
Yes. Here you are.

A : 好了, 再见!

はい、さようなら。
OK! Goodbye!

1. 根据

어떤 사물이나 동작을 근거로 전치사 '~에 따라'의 뜻으로 쓰인다.

2. 给

给은 상대방에게 갖게 해준다는 뜻이다.

给我看看皮鞋.　　　　나에게 신발을 보여 줘라.
这件事千万别给他知道.　이 일은 결코 그가 알아서는 안 된다.

1. 발음연습

① Wáng Xiǎoníng, qīzhōng kǎoshì kǎo dé zěnmeyàng?
② Kǎoshì qián wǒ kàn nǐ fùxí dé tǐng rèn zhēn a. Nǐ děi yǒu xìnxīn!

2. 성조연습

[1성 + 경성]

- 街上　　　　jiēshang　　　　거리
- 聪明　　　　cōngming　　　　총명하다, 영리하다

• 休息	xiūxi	휴식하다, 쉬다
• 东边	dōngbian	동쪽
• 工夫	gōngfu	틈, 짬
• 收拾	shōushi	꾸리다, 수습하다

[4성 + 경성]

• 味道	wèidao	맛
• 客气	kèqi	겸손하다, 사양하다
• 钥匙	yàoshi	열쇠
• 上边	shàngbian	위쪽
• 漂亮	piàoliang	아름답다, 예쁘다
• 认识	rènshi	(글자·사람·길 등을) 알다

3. 읽기연습

Duì gōngkē xuéshēng láishuō, shíxí shì fēicháng zhòngyào de yī gè huánjié.Jiàoyùbù guīdìng, gōngkē zàixiàoshēng yào jìn qǐyè jìnxíng bìyè shíxí hé bìyè shèjì, shíjiān bùdé shǎo yú 6 gè yuè.Zài hěn duō xuéxiào, shíxí dàyuē zhàn 4 dào 6 gè xuéfēn. Yóucǐ kějiàn shíxí zài gōngkē jiàoyù zhōng de zhòngyào dìwèi.Zhǎo gōngzuò de shíhou, yòngrén dānwèi yě hěn kànzhòng bìyèshēng de gōngzuò jīngyàn. Yīncǐ, shíxí shí yīnggāi rènzhēn,bù néng mǎhu.

중일 문화 엿보기

중국의 장례

중국 사람들은 효도를 중시하고, 영혼은 죽지 않는다고 생각하여 상장례(喪葬礼)를 정성껏 성대하게 치른다. 전통상장례 의식은 주(周)나라 때 형성되고, 나중에 불교와 도교 및 각종 민간 미신사상이 결합되어 종합적인 형식으로 변화되었다. 상장례란 상례와 장례의 혼합명칭으로, 상례란 주검을 매장하기 전까지의 예속이고, 장례란 매장에 필요한 예속이다. 상장례는 복례(夏礼)·소렴(小殮)·대렴(大殮)·빈(殯) 등의 상례와 복서장지(卜筮葬地)·장일(葬日)의 장례, 모두 일곱 단계의 의식으로 진행된다.

오늘날은 묘지의 부족과 묘지의 국토잠식 문제를 해소하기 위해 1950년대 중반부터 화장(火葬)을 권장하고 있다. 요즘 중국 도시에서는 상이 나면 부고를 띄우고 화장터에서 유해를 화장한 다음 간단히 고별의식을 치른 뒤, 유골을 집에 가져가거나 납골당에 보관하기도 하고 강이나 산에 뿌리기도 한다.

일본의 장례

일본인의 사생관에 의하면 사람의 일생은 사후에도 일정기간 계속된다고 한다. 더구나 사후의 영령은 생전과 동일한 인격을 가지며, 자손으로부터 공양을 받고 이윽고 조상신이 되어 자손을 수호한다고 믿고 있다. 일본에서는 사암이 임종할 때 물을 마시게 하는 풍습이 있다. 이것을 생의 마지막 물 이라고 한다. 그러나 대개의 경우 사람이 임종한 후 그 가족이 젓가락에 탈지면을 감아 물에 적신 뒤 죽은 사람의 입술을 적신다. 옛날에는 죽은 사람을 미지근한 물에 넣어 씻었지만, 요즘은 전신을 목욕물이나 알코올을 사용해 닦는다. 또한 의복은 보통 때와는 달리 왼 섶을 안으로 들어가게 하여 입히고 머이를 북쪽으로 향하도록 하여 눕힌다.

사람이 사망한 밤에는 오쯔야라고 하여 밤을 함께 새는 행사가 있다. 가족이나 친척, 친구만이 모여 고인의 곁에서 식사 등을 하며 밤을 지샌다. 사람이 사망하면 그 집에서는 현관에 발을 뒤집어 걸고 기중 이라고 쓴 표찰을 내건다.

제9과 쇼핑

대화문

B : 上海的友谊商店真大呵!

上海の友誼商店は　とても大きいですね。
The Shanghsi Friendship Store is very big!

C : 啊, 店里东西真多!

ええ、店内にはとても多くの商店があります。
Oh, there are so many goods in it!

B : 看, 有吃的, 有穿的...

ご覧のように食料品や医療品などがあります。
Look, these are for eating, these are for wearing...

C : 还有用的，玩儿的.

それから日用品やおもちゃがあります。
And these are for using, playing.

B : 价钱都不贵.

価格はどちらも高くありません。
They are all not expensive.

C : 嗯，都很便宜.

ええ、どちらもとても安いです。
Yes, they are very cheap.

B : 这些绸衬衣多好!

このシルクのブラウスはとても素的です。
How nice these silk blouses are!

C : 对，又软又漂亮.

はい、柔らかくて美しいです。
Yes, they are soft and pretty.

B : 唉，这字画真美!

はあ、この映画はとてもすばらしいですね。
Oh, these pictures are very beautiful!

C : 你看，那扇子多好!

みてください、とても素的な扇子でしょう。
Look! How nice the fan is!

B : 中国的丝绸真不错!

中国のシルクは本当にすばらしい。
The Chinese silk is really very good!

C : 我们再去别的百货公司逛逛，怎麼样?

ほかのデパートも見に行ってみましょう。いかがですか。
We'll stroll the other stores, will you?

B : 好，走吧!

はい、いきましょう。
OK! Let's go!

1. 又 ~ 又

又 ~ 又의 형식은 상황이나 동작이 동시에 존재함을 강조할 때 사용한다.

这房间又大又明亮.　이 방은 넓고 볕도 잘 든다.
他又会英文又会汉语.　그는 영어도 할 줄 알고, 중국어도 할 줄 안다.

2. 都

都는 전체를 나타내는 부사이다. 모든 대상이 지정된 범위 안에서 모두 포함되는 것을 말한다. 都로 수식되는 대상은 복수이며 都 앞에 놓인다.

我们都是学生.　　　우리는 모두 학생이다.

3. 多

多는 형용사 앞에 높이면 부사가 된다. 의문문에서 정도, 범위, 수량을 묻거나, 감탄문에서 찬사를 나타낸다.

我要等多长时间?　　얼마나 긴 시간을 기다려야 하느냐?
你们学校的环境多好啊!　너희 학교 환경은 얼마나 좋니!

[2성 + 1성]

· 聊天	liáotiān	한담하다, 잡담을 하다
· 皮包	píbāo	가방
· 钱包	qiánbāo	돈지갑, 지갑
· 房间	fángjiān	방
· 韩餐	háncān	한국 요리
· 成功	chénggōng	성공하다

[2성 + 2성]

· 着急	zháojí	조급해 하다, 초조해 하다
· 邮局	yóujú	우체국
· 银行	yínháng	은행
· 厨房	chúfáng	주방, 부엌
· 回来	huílái	돌아오다
· 头疼	tóu téng	머리가 아프다

 중일 문화 엿보기

중국의 음식

중국 사람들은 "땅 위의 네 발 달린 것은 책상 빼고 다 먹고, 물 속에서 헤엄치는 것 중에서는 잠수함 빼고 다 먹고, 하늘을 나는 것은 비행기 빼고 다 먹는다."라고 할 정도로, 별의별 다양한 재료와 요리방 법을 통해 음식을 만들어 먹는다.

중국 요리는 우리처럼 한꺼번에 나오는 것이 아니라 순서대로 하나씩 나오고 회전되는 식탁에 올려놓고 각자 적당량을 덜어 먹는다. 맨 마지막에는 탕(湯)과 과일 디저트가 나온다. 특징으로는 재료가 다양해서 거의 모든 것이 재료로 활용될 수 있다는 점, 색과 향을 중시해 독특한 맛을 추구하고, 조리기구가 비교적 간단하고 사용하기 편리한데도 조리법과 그 과정이 다양하다는 점, 기름을 많이 사용하고 음식의 수분과 기름기가 분리되는 것을 방지하기 위해 녹말을 많이 사용한다는 점 등을 들 수 있다.

중국 요리는 양쯔강(阳子江)을 기준으로 북방 요리와 남방 요리로 구분되기도 하고 특정 지역을 중심으로 구분되기도 한다. 북방에서는 주로 육류와 콩이나 밀가루를, 남방에서는 생선과 쌀을 주식으로 한다. 다양한 중국 음식은 "남쪽 광둥(广东) 요리는 달고「南甜」, 북쪽 산둥(山东)이나 베이징(北京) 요리는 좀 짜며「北咸」, 동쪽 쓰촨(四川) 요리는 맵고「东辣」, 서쪽 산시(山西) 요리는 시큼「西酸」하다."라고 한다.

일본의 음식

일본인은 사시미나 스시와 같이 재료의 원형과 본래의 맛을 유지한 채로 먹는 음식을 선호한다. 일본은 바다로 둘러싸여 있기 때문에 생선과 조개류, 해조류 등을 이용한 음식이 주를 이루며, 담백한 맛을 최대한 유지한다. 막을 내는 데 빼놓을 수 없는 것은 간장이며, 그 밖에 된장, 소금, 설탕, 식초가 주로 사용된다.

음식으로 밥과 미소시루, 스키야키와 같은 냄비요리, 생선구이, 자완무시와 같은 찜, 돼지고기와 감자로 조린 니쿠자가와 같은 조림류 등이 있다. 덴뿌라와 가라아게와 같은 튀

김, 소량의 고기와 다량의 채소를 기름에 볶은 음식, 채소 무침, 단무지나 나라쓰케와 같은 채소 절임, 생선을 으깨어 만든 요세모노와 어패류를 이기거나 개어서 만든 네리모노가 있다.

일본인은 도시락을 많이 애용한다. 일본은 습기가 많은 기후로 국물의 섭취가 그다지 필요하지 않기 때문에 이동할 때 쉽고 간편하게 먹을 수 있는 도시락을 즐겨 먹는다. 일본에서 음식을 먹을 때는 보통 젓가락만 사용하며, 국과 같은 종류도 젓가락으로 먹는다. 집에서 젓가락은 각자 개인용을 구비하고 있으며, 음식점에서는 대부분 일회용 젓가락을 이용한다. 젓가락은 노송나무나 버드나무와 같이 단단한 것에 옻칠을 한 것이 일반적이며, 대나무와 플라스틱으로 만든 것도 있다. 젓가락은 자기 앞에 가로로 놓으며, 함께 먹는 음식은 개인용 젓가락을 사용하는 것을 꺼린다.

제10과 공항에서

대화문

B : 我的座位在哪儿?

私の席はどこですか。
Where is my seat?

A : 让我看看您的票, 噢, 就在那儿.

チケットをみせてください。あ、あちらです。
Let me have a look on your ticket. Oh, just over there.

B : 对不起, 可以把椅背往後靠一点儿吗?

すみません。椅子を後ろに倒してもいいですか。
I'm sorry. May I recline the seat?

C：请随意吧!

どうぞ。ご自由に。
Do as you please.

A：飞机起飞了，欢迎大家乘坐我们的飞机!

飛行機が出発しました。みなさん、この便をご利用くださいまして まことにありがとうございます。
The flight leaves now. Welcome to take our airplane.

祝大家旅途愉快!

なにとぞ楽しい旅行をなさってください。
Have a nice trip!

C：小姐，飞机上有免税品出售吗?

あの、飛行機のなかで免税品は売ってますか。
Miss, do you sell tax free goods on the flight?

A：没有.

ありません。
No.

请喝咖啡，请吃糖.

コーヒをどうぞ。
Please have some coffee and candy.

B：现在飞到什麽地方了?

いま、どこを飛んでますか
Where are we now?

A：快到昆明了.

まもなく昆明につきます。
Near Kunming.

飞机很快要降落了，请大家坐好.

飛行機はもうすぐ着陸します。
どうぞ　みなさま、席にお座りください。
The flight will be landing soon. Sit down please.

1. 把자문

전치사 把를 사용하여 목적어를 동사 앞으로 도치시켜 도치의 결과를 강조 설명하는 문장이다. 도치된 목적어는 일반적으로 정해진 사물을 나타낸다. 동사는 복합동사나 동사구이며, 동사 뒤에 了, 着 등 기타성분을 덧붙인다.

他们把病人送到医院去了.　　그들은 환자를 병원으로 보냈다.
他把拿来的书放在床上了.　　그가 가져 온 책을 침대 위에 놓았다.

2. 快要 ~ 了

快要 ~ 了의 형식은 사태가 곧 변할 것을 나타낼 때 사용한다.

要下雨了.　　　　곧 비가 올 것 같다.
新年快要到了.　　곧 새해가 된다.

 성조연습

[2성 + 3성]

- 啤酒　　　píjiǔ　　　　맥주
- 如果　　　rúguǒ　　　　만약
- 游泳　　　yóuyǒng　　　헤엄치다, 수영하다
- 人口　　　rénkǒu　　　　인구

▪ 游览	yóulǎn	여행(하다), 관광(하다)
▪ 苹果	píngguǒ	사과

[2성 + 4성]

▪ 服务	fúwù	봉사하다
▪ 流利	liúlì	(문장·말 등이) 유창하다
▪ 难过	nánguò	괴롭다, 슬프다
▪ 拿去	náqù	가져가다
▪ 迟到	chídào	지각하다
▪ 愉快	yúkuài	유쾌하다, 즐겁다

▌중국의 건축

　중국의 건축은 오랜 역사와 함께 시대별로 건축 양식이 다르다. 고대에서 근대까지 중국 건축은 지속적으로 발전해 왔다. 한대 이후 청대까지는 목조 구조의 건축 양식이 주류를 이루고 있다. 나무와 함께 벽돌, 흙, 돌 등을 재료로 하는 건축물이 발달했으며, 벽돌을 이용한 돔이나 아치 형태의 구조는 로마건축 양식과 달리 독창적으로 발달하였다.

　중국의 건축 기술은 중국의 지형, 다양한 기후대, 56개의 소수민족의 생활 환경을 토대로 다양한 건축 양식이 형성되었다. 베이징의 사합원, 황토고원 지역의 동굴집 요동(窯洞), 복건 광동 지역의 토루(土樓) 등 유명한 건축 양식이 많다. 일찍이 황하 유역은 기후가 온화하고 수목이 풍부하여 고대부터 목조 건축 양식이 발달하였다. 또한 주변의 진흙은 기와, 벽돌 등 건축 재료로 개발하면서 석조 건축물보다 목조 건축물이 건설되었다.

　건축설계도 중국을 수천년 동안 지배한 유교사상의 영향이 깃들어 있다. 항상 풍수지리, 음양오행이 설계와 여러 건축과 어우러져 웅장함과 화려함을 추구했다.

▌일본의 건축

　전형적인 일본 가옥은 목조건물로 기와 지붕이다. 집 주변을 나무나 대나무 울타리로 두르고, 징검돌을 밟고 집 앞의 작은 뜰을 가로질러 가도록 되어 있다. 현관에서는 신발을 벗어야 한다. 바닥에는 대부분 다다미가 깔려있으며, 흰 창호지를 바른 장지문이 있다. 오시이레라는 붙박이 벽장이 있어서 가구를 많이 놓지 않기 때문에 집안이 텅 빈 것 같은 느낌을 준다. 지진이 잦아 가구들이 넘어지는 경우가 많았기 때문에 이를 개선하기 위해 붙박이 벽장을 설치하였다.

　또한 비바람이나 추위, 도난 등을 막고 실내 보온을 유지하기 위해 전통가옥의 창문 밖에 아마도라는 두꺼운 나무판으로 된 덧문을 설치한다. 여름철에 햇살이 강할 때는 아마도 밖에 스다레라는 발을 매달아 햇살을 차단한다. 겨울철 난방 시설로 고타쓰가 거실에 놓여 있으며, 가족들은 이곳에 모여 밥을 먹거나 차를 마시며 담소를 나누기도 한다. 이불이나 옷은 오시이레에 수납한다.

집안에서 가장 좋은 방은 응접실이며, 여기에는 도코노마가 있다. 도코노마에는 그림이나 아름다운 필적의 족자가 걸려 있으며, 그 옆에는 소박한 미를 간직한 꽃꽂이가 놓여 있다. 정원에는 두세 그루의 큰 나무와 몇 그루의 작은 나무, 그리고 몇 개의 정원석이 놓여 잇어 조용하고 편안한 느낌을 준다.

제11과 택시 타기

대화문

B : 喂, 出租汽车!

タクシー！
HI! Taxi!

A : 您上哪儿!

どちらに行かれるんですか？
Where are you going?

C : 和平饭店.

和平飯店です。
The Peace Hotel.

A：好，上车吧.

さあ、お乗り下さい。
OK. Get on, please.

和平饭店到了，车费十八元.

和平飯店に着きました、十八元です。
Now we arrive at Peace Hotel, The rate is 18 yuan.

B：诺, 给你二十块

はい、20元
Here is 20 yuan.

A：您的收据和找的余钱.

領収書とおつりです。
Your receipt and change.

B：谢谢!

ありがとう
Thank you.

C : 请问，这20路电车到人民公园吗?

お尋ねしますが、この20番のトローリバスは人民公園に行きますか？

Is this trolley bus No.20 to the People's Park?

A : 到的，请买票，一毛钱一张．

行きます。一手の切符を買って下さい。

Yes. Please buy the ticket, one mao for each.

C : 两张．在哪儿下车?

2枚下さい、どこで降りたらいいですか？

Two, please. Where can I get off?

A : 就在人民公园站下车．

人民公園のバス停で降りて下さい。

Just at the stop People's Park.

B：到了请叫我们一声.

着いたら、わたしに一声かけて下さい。
Will you let us know when we arrive there?

A：行，我叫你们.

はい、お伝えします。
OK.

下一站人民公园，下车请准备! 两位到了!

次のバス停が人民公園です。降りる準備をして下さい、
着きましたよ！
The next stop is People's Park. Please get ready. You will arrive.

C：多谢了!

どうも、ありがとうございました。
Thanks.

A : 穿过马路, 一直向前走, 就是了.

大通りを渡って、まっすぐ行けば、そこです。
Go across the road and straight ahead, that's People's Park.

B : 再见!

さようなら！
Goodbye!

1. 出租汽车

택시를 중국에서는 出租汽车라 하고, 홍콩에서는 的士, 대만에서는 计程车라고 한다.

2. 一直向前走

向 + 명사는 동사 앞에 놓여 동작의 방향을 나타낸다. 向은 往, 朝와 같다.

这火车是往哪儿开的?　이 기차는 어디로 가니?
往上海开的.　　　　　상해로 가는 것이다.

 성조연습

[2성 + 경성]

- 便宜　　　　piányi　　　　싸다
- 前边　　　　qiánbian　　　앞
- 行李　　　　xíngli　　　　여행짐, 수화물
- 朋友　　　　péngyou　　　친구
- 房子　　　　fángzi　　　　집
- 明白　　　　míngbai　　　분명하다, 명백하다

[3성 + 1성]

- 好吃   hǎochī   맛있다
- 简单   jiǎndān   간단하다
- 已经   yǐjīng   이미, 벌써
- 小心   xiǎoxīn   조심하다, 주의하다
- 北京   Běijīng   베이징
- 母亲   mǔqīn   어머니, 모친

 중일 문화 엿보기

| 태극권

중국은 이른 새벽에 공원에서 남녀노소를 막론하고 태극권을 하는 모습을 흔히 볼 수 있다. 태극권은 몸에 무리가 적어 정부의 지원 아래 중국인이 즐기는 효과적인 운동이다. 역사적으로 권법의 명칭은 다양하지만, 권법의 내용은 거의 비슷하다.

양나라(502~557) 소구천(小九天)이라는 권법을 시작으로 당, 송대를 거쳐 명대 이후 태극권이 남파, 북파로 형성되어 지금까지 이어지고 있다. 남파는 장송계가 유명하며 중간에 맥이 끊겼으나 이호천(李昊天)이 복원하여 되살렸다. 북파는 왕종악에서 진씨 일가가 모여 사는 진가구(陳家溝)에게 전수된 후, 현재는 오대문파, 즉 진가, 양가, 오가, 무가, 손가로 발전했다.

| 하츠히노데(初日の出)

일출(하츠히노데)은, 1월 1일(설날)의 해돋이(태양이 수평선이나 지평선 위로 모습을 드러내는 모양)를 말한다.

일본에서는 일년에 한 번 해의 첫 시작의 새벽녘을 축하하기 위해, 일출 참배를 행하는 사람들이 많다. 이 습관은 일본 고유의 것이지만, 메이지 이후에 성행 한 것으로 알려져 있다.

四方拜라고 하는 천황의 정초의식 그 시초로, 그것이 서민들 사이에서 현재의 형태로 퍼져 일출을 경배하는 습관이 되었다.

전국 각지에 해돋이 명소가 있다. 수평선을 바라 볼 수 있는 해안과 산정상, 전망대 등이다. 일출 시간은 매년 거의 정해져 있기 때문에, 국립 천문대의 전화 상담실 담당자이었던 이학 박사의 長沢江에 의하면, 11월경이 되면 국립 천문대의 상담실에는 여행사 등에서 「본토에서 가장 빠른 일출을 볼 수 있는 곳은 어디?」라는 문의가 많이 들어오고, 천문대 측도 50개소에서 60개소의 명소의 일출 시각 목록을 만들고, 질문에 답하고 있다. 또한 일출시에 소원과 그해의 결의 등을 기원하는 것이 많다.

계절 무늬, 구름과 비, 눈이 많은 동해보다는 하늘이 맑은 날이 많은 태평양측이 볼 확률이 높다.

▎ 오토시다마(お年玉)

세배 돈(세뱃돈, 신년축하선물)은, 정월에 새해를 축하하기 위해 주고 받는 상품을 말한다.간단하게 토시다마라도고 말한다. 현재는 특히 아이들에게 돈을 주는 습관과 그 돈을 의미하는 뜻으로 사용된다. 연말에 주어지는 연말선물과는 달리 윗사람이 아랫 사람에게 주는 것이 특징이다. 아이가 부모에게 신년축하를 하는 경우에는 편지의 겉봉투에 「연하」라고 작성한다.

제12과 분실물 찾기

대화문

B : 警察，我丢失旅行包了.

おまわりさん、旅行バックをなくしてしまいました。
Police, I have lost my bag.

A : 在哪儿丢失的?

どこでなくしたのですか。
Where did you lose it?

B : 在公共汽车上.

バスの中でです。
On the bus.

A : 哪一路车?

何番のバスですか。
Which bus?

B : 在开往外滩的71路车上.

外灘までの71番のバスの中でです。
The bus No.71 to the Bund.

A : 您什麼时候乘的车?

あなたはいつバスに乗られたのですか？
When did you get on the bus?

B : 今天上午，大概九点二十分.

今日の午前中、9時20分頃です。
This morning, about 9:20.

A : 您丢了什麼样的包?

どんなカバンをなくされたのですか？
Which style is the bag you've lost?

B : 咖啡色的, 有这麽大小.

コーヒー色で、この位の大きさです。
Brown in cliar, Just like this size.

A : 包里有些什麽东西.

カバンの中には何が入っていたのですか？
What's in the bag?

B : 有钱, 证件, 旅行书和一些日用品, 真急死人了!

お金と証明書とガイドブックと、日用品が少しです。
本当 気をもませられます。
Money, certificate, guidebook and some aiticles of every- day use. I'm extremely worried!

A : 别急, 别急! 我来联系一下, 请等一会儿.

落ちついて、落ちついて、私は連絡をしてきますから、
ちょっと待っていて下さい。
Don't worry. Let me do some connection for you. Wait a minute.

B : 多谢! 多谢了!

本当にありがとうございます。
Thanks a lot.

A : 田中先生, 您的包在外滩71路车站, 是一位小朋友捡到後送去车站的, 请去拿吧!

田中さん、あなたのカバンは外灘の71番のバス停にあります。
子供が拾ってバス停に持って行ったのです。
さあ、取りに行って下さい。
Mr.Tian Zhong, the bag you lost is now at the No.71 bus station of the Bund.
It was picked up by a child and has been sent to the bus station. Please go and fetch it.

B : 噢, 太好了! 太好了! 真不知该怎麽谢您才好!

あ、よかった。なんてお礼を申し上げればよいのか分かりません。
That's very good! I really don't know how I can thank you enough.

A : 不用谢! 我们中国有拾金不昧的习惯.

お礼なんていりません。中国には、お金を拾ってもねこばばし
ない習慣があります。
You are welcome. We Chinese have the habit df not pocketing the money on picking.

B : 中国是山好水好人更好, 我以後还来旅游!

中国は山も水も素晴らしい、人はもっと素晴らしい、私はまた
中国に旅行に来ます。
China has not only the beautiful scenery but the kind-hearted people. I'll come here

again soon.

1. 是 ~ 的 용법

是 ~ 的의 형식은 동작의 시간, 장소, 방식 등을 설명하거나 강조할 때 사용한다. '他是昨天来的.'처럼 그는 어제 왔다는 시간을 강조한다. 만일 '他是在群山大学学的汉语.'처럼 동사가 중국어인 목적어를 동반할 때는 목적어를 的 뒤에 놓는다.

2. 别

别은 금지를 나타내는 것으로 不要와 같은 뜻이다.

那地方危险, 你别去.　　　그 곳은 위험하니 가지마라.
这是外用药, 千万别口服.　이것은 바르는 약이니 절대 먹지 마라.

 성조연습

[3성 + 2성]

旅行	lǚxíng	여행
旅游	lǚyóu	여행(가다)
小时	xiǎoshí	시간
警察	jǐngchá	경찰
有名	yǒumíng	유명하다
有时	yǒushí	때로는, 가끔, 이따금

[3성 + 3성]

- 可以　　　kěyǐ　　　　~할 수 있다, ~해도 된다
- 水果　　　shuǐguǒ　　과일
- 口语　　　kǒuyǔ　　　구어
- 老板　　　lǎobǎn　　　(회사) 주인
- 打扫　　　dǎsǎo　　　청소하다
- 手表　　　shǒubiǎo　　손목시계

중일 문화 엿보기

▮ 차

차(茶)를 당나라 이전에는 '도(茶)'나 '명(茗)'이라고 불렀다. 당나라 이후 차가 대량으로 재배되면서 '도(茶)' 자의 건너금 '일(一)'획을 없애고 '차(茶)'라 부르게 되었다. 차를 발견한 것과 차를 음료로 이용한 것은 중국인들이 인류문화역사에 대한 기여라 할 수 있다.

진시황이 중국을 통일한 후 차는 사천(四川)에서부터 전 지역으로 확산되기 시작했고, 서주(西汉) 때에 이르러서는 약으로부터 음료로 완전히 탈바꿈하게 되었다. 중국에서 제일 먼저 차를 마시는 풍습은 장강(长江) 유역 사람들에 의해 형성되었고, 당(唐)·송대(宋代) 이후에는 차를 마시는 것이 사회적으로 보편화되어 서북 변경 지역에까지 확산되어갔다.

차를 마시는 방법은 역사의 흐름에 따라 많은 변화를 가져왔다. 당·송 시대에는 차를 갈아서 가루를 낸 다음 가루로 환을 지어 말렸다가 다시 부셔서 파, 생강, 귤껍질, 박하, 대추, 소금 등 조미료를 넣어 끓여 마셨다. 또 차를 가루내어 끓인 물을 부어 죽처럼 타서 마셨다. 그래서 '차를 마신다' 하지 않고 '차를 먹는다'라고 표현했다. 이처럼 차를 끓여서 마시는 방법은 번거로울 뿐만 아니라, 차 고유의 맛도 떨어뜨려 송·원 이후에는 단순히 차를 컵에 넣고 여기에 뜨거운 물을 부어 마시는 방식이 유행되었다. 명·청 이후로는 차를 뚜껑 달린 컵이나 그릇에 넣고 뜨거운 물을 부은 다음 뚜껑을 닫아 찻잎을 우려서 마시게 되었다. 이렇게 마시는 방법이 차의 맛을 가장 잘 음미할 수 있다고 한다.

▮ 수인(水引)

수인(水引)은 축의금이나 부의금(흉사)에 사용되는 장식으로 선물 포장지 등에 거는 홍백과 흑백 등의 띠 끈. 선물이나 봉투에 붙이는 장식 끈으로, 그 모양과 색상에 따라 다양한 구분한다. 혹은 장식 등에 사용되는 끈이기도 하며 학이나 배 등의 장식물이나 머리 장식으로도 사용된다.

▌ 쥬산마이리(十三詣り)

십삼참배 또는 쥬산마이리(十三參り)는 음력 3월 13일(현재 한달 늦은 양력 4월 13일)에 남녀 모두 만 13세가 된 것을 축하하며 아이의 다복과 행운을 빈다. 옛부터 각지에서 따라 각각 다양한 형태로 진행된다.

특히 교토 사가 虛空蔵 法輪寺의 虛空蔵菩薩(허공장 보살: 한없는 지혜·자비를 베푸는 보살)에게 찾아가 참배하는 4월 13일 "十三參り"는 유명하다.

虛空蔵菩薩 보살은 열세 번째로 탄생 한 지혜와 복덕을 관장하는 보살이다. 일명 '지혜 참배' 또는 '지혜 구하기'라고도 한다.

칠오삼정도 전국적으로 일반적이지는 않다.

▌ 오쿠이조메(お食い初め)

'먹기 시작(오쿠이조메)'은 신생아의 생후 100일(또는 110일, 120일째)에 행해지는 의식이다. '마나하지메(생선 먹기 시작)' 또는 '타베하지마(먹기 시작)', 처음으로 젓가락을 사용하기 때문에 '하시소로에(젓가락 준비)', '하시하지메(젓가락 사용 시작)' 이라고도 불려진다. 또, 축하 시기가 생후 100일 전후이기 때문에 '백일(모모카)의 축하'. '하가타메(잇몸을 튼튼하게 하기 위하여 단단한 장난감을 물리거나 혹은 단단한 것을 먹는 행사)'라고 부르는 지역도 있다.

▌ 산산쿠도(三三九度)

산산쿠도(三三九度)는 혼례시 부부의 연을 맺는 약속을 다짐하기 위해 술잔을 나누는 것으로, 일본의 공식 신앙에 따라 부부와 양가의 영혼의 공유·공통화를 도모 의제 행위이다.

남녀가 같은 술을 마시 나누는 것으로, 처음 여자가 세 번, 다음 남성이 세 번, 마지막에 여자가 세 번, 총 아홉 번 마신다. 고대 중국의 음양에서 유래된 의식으로, 양의 수를 의미하는 '삼'과 '구'가 사용되었다.

▌ 세쓰분(節分)

세쓰분(節分)은 24절기 외의 여러 가지 절기 중 하나로, 각 계절의 시작의 날(입춘·입하·입추·입동)의 전날을 말한다. 절분은 계절을 나눈다는 것을 의미한다.

에도 시대 이후 특히 입춘(매년 2월 4일경)의 하루 전날을 가리키는 경우가 많다. 이 경우 節切月日의 섣달 그믐 날에 해당한다. 대동의 마지막 날이기 때문에 추위는 극에 달한다.

일반적으로 "복은 안으로, 귀신은 밖으로"라고 목소리를 내어 말하면서 복콩(볶은 콩)을 뿌리고, 나이 수만큼(또는 그보다 1개 많게) 콩을 먹는 액막이를 한다. 또한 악한 기운을 제거하기 위해 호랑나무가시와 정어리 등으로 주변을 꾸민다. 이러한 것들은 지방과 신사 등에 따라 달리 행해진다.

부록1

- 본문해석
- 기초어휘 익히기

본문해석

제1과 인사

A : 안녕하세요?
B : 안녕하세요? 처음 뵙습니다. 많은 지도 바랍니다.
A : 별 말씀을요. 알게 되어 기쁩니다.
B : 저도 기쁩니다.
A : 어제 재미있게 보냈습니까?
B : 매우 유쾌했습니다. 베이징은 정말 아름다워서 아주 좋아합니다.
A : 중국에 오신 것을 환영합니다.
B : 감사합니다.

제2과 소개

A : 당신의 성은 무엇입니까?
B : 저는 강씨입니다. 당신은 어떻게 되시죠?
A : 저는 다나까입니다. 일본인입니다.
B : 제가 소개해 드리겠습니다. 이 분은 미스 임입니다.
C : 예, 저는 한국에서 왔습니다.
A : 나이가 어떻게 되지요?
C : 저는 20살입니다.
A : 말씀 좀 묻겠는데요. 당신이 관광안내원이세요?
B : 그렇습니다. 이름이 왕화입니다. 일이 있으면 저를 찾으세요.
A, C : 감사합니다.

제3과 병원에서

B : 접수 좀 도와주세요.
A : 어느 과로 하실건가요?

B : 제가 발목을 삐끗했는데요.

A : 그럼, 지압과에 접수하세요.

B : 고맙습니다.

A : 카드를 작성해 주세요. 성명, 나이, 성별을 쓰세요.

B : 예, 이렇게 쓰면 되나요?

A : 예, 2층 진료실로 가세요. 저쪽에 엘리베이터가 있어요.

B : 감사합니다.

제4과 호텔에서

A : 숙박하시게요?

B : 예, 빈방 있어요?

A : 있습니다. 1인실도 있고, 2인실도 있습니다.

B : 저와 미스 임은 1인실을 원합니다.

A : 당신들은...

C : 우리는 친구입니다. 좀 조용한 방으로 주세요.

A : 예, 우리 객실은 모두 조용하고 쾌적합니다.

C : 객실 안에 전화, 화장실 다 있습니까?

A : 있습니다. 샤워실도 있고 화장실도 있습니다.

B : 하루에 얼마입니까?

A : 방값은 150원, 60원 모두 있습니다. 며칠 머무르세요?

B : 3일 머무를 건데, 좀 할인해 주실 수 있나요?

A : 그래요. 우리는 최고의 서비스를 해드립니다.

B : 감사합니다. 식당은 어디에 있지요?

A : 2층에 있습니다. 저녁 식사는 5시 반에 시작합니다.

제5과 식사 초대

A : 오늘 내가 저녁 식사를 사겠어.

B : 정말 기뻐! 어느 식당으로 가는데?

A : 사천 식당에서 사천 요리 먹자.

B : 그래, 우리 중국 요리를 먹자.

A : 우리 몇 시에 갈까?

B : 나는 배고픈데, 지금 가자.

A : 좋아, 가자!

C : 안녕하세요! 이쪽으로 앉으세요.

A : 감사합니다.

C : 여기 메뉴판 있으니 주문하세요.

B : 이 식당에서 가장 자신 있는 요리 좀 추천해 주세요.

C : ...가 아주 유명합니다.

A : 그럼 그 요리 세 가지 주세요.

C : 또 뭐가 필요하세요?

B : 삼선탕 한 그릇 주세요.

A : 또 마오타이주 한 병, 맥주 두 병 주세요.

C : 예, 먼저 차드시면서 좀 기다리세요.

A : 모두 얼마입니까?

C : 식사 다 하시고 계산하면 됩니다.

제6과 세관에서

A : 물품신고서 좀 주시겠어요?

B : 예, 보십시오.

A : 트렁크를 열어 주시겠어요?

B : 열었습니다. 검사해 보세요.

A : 가방에 있는 물건은 무엇이죠?

B : 소지품하고 친구에게 줄 선물입니다.

A : 사진기가 두 대 들어 있는데요.

B : 예, 두 대입니다.

A : 한 대는 세금을 지불해야 합니다.

B : 그래요, 세금을 지불하겠습니다.

A : 신고해야 할 다른 물건이 있나요?

B : 없습니다.

A : 됐습니다. 수속 끝났습니다. 즐거운 여행되세요.

B : 감사합니다. 안녕히 계세요.

제7과 은행에서

B : 말씀 좀 묻겠는데요. 어디에서 환전할 수 있어요?

A : 중국은행, 우의백화점, 큰 호텔에서 모두 환전할 수 있습니다.

C : 감사합니다.

A : 괜찮습니다.

D : 환전하시려고요.

B : 예, 달러를 인민폐로요.

D : 각자 환전표에 써주세요.

C : 예, 그런데 어떻게 쓰죠?

D : 성명, 국적을 쓰세요.

B : 알겠습니다.

D : 가지고 있는 돈이 현금입니까, 여행자 수표입니까?

B : 저는 여행자 수표를 가지고 있습니다.

D : 당신은 싸인과 여권 번호가 필요합니다.

C : 저는 현금을 가지고 있습니다.

D : 싸인과 여권 번호는 필요없습니다.

B : 저는 영문으로 써도 됩니까?

C : 저는 일문으로 써도 됩니까?

D : 모두 괜찮습니다.

B : 300달러를 바꾸려고 합니다.

C : 저는 5만엔을 바꾸어 주세요.

D : 알겠습니다. 조금만 기다려 주세요. 여기 환전한 금액을 세어 보세요.

C : 맞습니다. 감사합니다.

D : 또 오세요. 안녕히 가세요.

B, C : 안녕히 계세요.

제8과 우체국에서

B : 일본 고베(神戶)로 소포를 보내려고 합니다.

A : 어떤 물건을 보내나요?

B : 비단옷과 중국약입니다.

A : 죄송합니다. 우리 규정에 따라 이 중국약은 보낼 수 없습니다.

B : 그럼 비단옷은 보내도 되나요?

A : 예, 소포 신청서를 쓰세요.

B : 다 썼습니다.

A : 소포 무게를 재보세요. 우표값 18원 4전을 지불하세요.

B : 예, 여기 있습니다.

A : 됐습니다. 안녕히 가세요.

제9과 쇼핑에서

B : 상해 우의백화점이 정말 커요.

C : 와, 물건도 정말 많네요.

B : 보세요, 먹을 것, 입을 것...

C : 필요한 것, 가지고 놀 것...

B : 가격도 비싸지 않은데요.

C : 정말, 모두 저렴한데요.

B : 비단옷도 아주 좋은데요.

C : 맞아요, 부드럽고 아름다운데요.

B : 응 이 글자 정말 아름답네요.

C : 한 번 보세요. 저 부채 정말 좋은데요.

B : 중국 비단은 정말 괜찮은데요.

C : 우리 다른 백화점도 구경하는 게 어때요?

B : 좋아요, 한 번 가보지요.

제10과 공항에서

B : 제 좌석이 어디에 있나요?

A : 표를 좀 보여주시겠어요? 아, 저쪽이네요.

B : 죄송합니다만, 의자를 뒤로 좀 세워주시겠어요?

C : 그렇게 하세요.

A : 비행기가 이륙합니다. 우리 항공기에 탑승하신 것을 환영합니다. 모두 즐거운 여행 되시기를 바랍니다.

C : 승무원 선생님, 비행기에서 면세품을 판매합니까?

A : 판매하지 않습니다.

B : 지금 어느 곳으로 비행합니까?
A : 곧 곤명에 도착합니다. 비행기가 곧 착륙하려고 하니, 자리에 앉아주시기 바랍니다.

제11과 택시 타기

B : 택시
A : 어디 가세요?
C : 화평호텔로 갑니다.
A : 예, 타세요. 화평호텔 가는데 차비가 18원입니다.
B : 예. 여기 20원 있어요.
A : 영수증과 거스름돈 입니다.
B : 감사합니다.
C : 말씀 좀 묻겠는데요. 이 20번 버스는 인민공원에 갑니까?
A : 갑니다. 표를 사세요. 한 장에 일 마오입니다.
C : 두 장 주세요. 어디서 내리지요?
A : 인민공원에서 내리면 됩니다.
B : 도착하면 불러주세요.
A : 예, 부르겠습니다. 다음 정거장이 인민공원이니 내리실 준비하세요. 두 분 도착했어요.
C : 감사합니다.
A : 큰 길을 건너서 곧장 앞으로 가면 됩니다.
B : 안녕히 계세요.

제12과 분실물 찾기

B : 경찰 아저씨, 여행 가방을 읽어버렸는데요.
A : 어디에서 읽어버리셨죠?
B : 버스 안에서요.
A : 몇 번 버스죠?
B : 와이탄 가는 71번 버스요.
A : 언제 버스를 탔나요?
B : 오늘 오전 9시 20분쯤요.
A : 어떤 모양의 가방을 읽어버렸나요?
B : 커피색이고 크기는 이 정도고요.

A : 가방에 어떤 물건이 들어 있나요?

B : 돈, 서류, 여행 책자, 일용품 등 정말 급해요!

A : 서두르지 마세요. 제가 연락 해 보겠으니 좀 기다리세요.

B : 감사합니다.

A : 다나카 선생, 당신 가방이 와이탄 71번 정거장에 있답니다. 한 꼬마가 주워서 정거장에 놓았습니다. 가서 가져가세요.

B : 아, 다행이네요. 어떻게 감사해야 할지 모르겠네요.

A : 감사할 필요 없어요. 우리 중국은 물건을 찾아주는 풍속이 있습니다.

B : 중국은 산수가 아름답고 사람들이 좋으니, 더 여행을 해야 겠네요.

기초어휘 익히기

1. 신체

❑ 头	tóu	あたま	머리
❑ 脸	liǎn	かお	얼굴
❑ 脸蛋儿	liǎndànr	ほお	뺨, 볼
❑ 嘴	zuǐ	くち	입
❑ 嘴唇	zuǐchún	くちびる	입술
❑ 舌头	shétou	した	혀
❑ 喉咙	hóulóng	のど	목구멍
❑ 鼻子	bízi	はな	코
❑ 耳朵	ěrduo	みみ	귀
❑ 睫毛	jiémáo	まつげ	속눈썹
❑ 眉毛	méimao	まゆ	눈썹 미간
❑ 下巴	xiàba	あご	아래턱
❑ 头发	tóufa	かみ	머리카락
❑ 辫子	biànzi	おさげ	땋은 머리, 변발
❑ 胡子	húzi	ひげ	수염
❑ 脖子	bózi	くび	목
❑ 前额	qián'é	ひたい	이마
❑ 指头	zhitou	ゆび	손가락
❑ 指甲	zhǐjià	つめ	손톱
❑ 肩膀	jīan1bǎng	かた	어깨
❑ 胳膊	gēbo	うで	팔
❑ 胸	xiōng	むね	가슴
❑ 肚子	dùzi	はら	배
❑ 肚脐	dùqí	へそ	배꼽
❑ 腰	yāo	こし	허리
❑ 屁股	pìgu	しり	엉덩이
❑ 腿	tuǐ	あし	발

❑ 脚跟	jiǎogēn	かかと	발꿈치
❑ 身体	shēnti	からだ	신체, 몸
❑ 骨头	gǔtou	ほね	뼈
❑ 皮肤	pífū	はだ	피부, 피부색

2. 음식, 식품, 요리, 야채, 과일

❑ 饮料	yǐnlìao	のみもの[飲(み)物]	음료
❑ 主食	zhúshí	しゅしょく[主食]	주식
❑ 副食	fùshí	ふくしょく[副食]	부식
❑ 庄稼	zhūangjīa	のうさくぶつ[農作物]	농작물
❑ 粮食	líangshi	しょくりょう[食糧]	양식
❑ 米	mǐ	こめ[米]	쌀
❑ 面粉	mìanfěn	こむぎこ	밀가루
❑ 玉米	yùmi	とうもろこし	옥수수
❑ 豆子	dòuzi	まめ[豆]	콩
❑ 落花生	lùohūashēng	らっかせい	땅콩
❑ 甘薯	gǎnshǔ	さつまいも	고구마
❑ 早饭	zǎofàn	あさめし	아침밥
❑ 午饭	wǔfàn	ひるめし	점심밥
❑ 晚饭	wǔnfàn	ゆうめし	저녁밥
❑ 米饭	mǐfàn	めし	쌀밥
❑ 粥	zhōu	かゆ	죽
❑ 馒头	mántou	マントウ	만두, 찐빵
❑ 饺子	jiǎozi	ギョーザ	교자
❑ 烧卖	shāomai	シューマイ	찐 만두
❑ 馄饨	húntun	ワンタン	혼돈자
❑ 面包	mìanbāo	パン	빵
❑ 面条	mìantíao	うどん	국수
❑ 饼干	bǐnggān	ビスケット	과자
❑ 肉	ròu	にく[肉]	고기
❑ 猪肉	zhūròu	ぶたにく[豚肉]	돼지고기
❑ 牛肉	níuròu	ぎゅうにく	소고기

❑ 羊肉	yángròu	ようにく[羊肉]	양고기
❑ 鱼肉	yúròu	ぎょにく	생선의 고기
❑ 鸡蛋	jīdàn	けいらん[鶏卵]	계란
❑ 青菜	qīngcài	やさい[野菜]	채소
❑ 糖	táng	さとう[砂糖]	설탕
❑ 盐	yán	しょくえん[食塩]	소금
❑ 辣椒酱	làjīaojìang	とうがらしすみそ	고추장
❑ 酱油	jìangyóu	しょうゆ[醤油]	간장
❑ 作料	zùoliao	ちょうみりょう[調味料]	조미료
❑ 麻油	máyóu	ごまあぶら[ごま油]	참기름
❑ 牛奶	níunǎi	ぎゅうにゅう[牛乳]	우유
❑ 茶	chá	ちゃ[茶]	차
❑ 酒	jǐu	さけ[酒]	술
❑ 果汁	gǔozhī	フルーツジュース	과일 주스
❑ 冰激凌	bing1jiling2	アイスクリーム	아이스크림
❑ 开水	kāishǔi	沸かした水	끓인 물
❑ 菜单	càidān	こんだて[献立]	식단

3. 의복

❑ 衣服	yīfu	しふく[衣服]	옷
❑ 便服	bìanfú	ふだんぎ	평상복
❑ 制服	zhìfú	せいふく	(군인, 학생)제복
❑ 军服	jūn1fú	ぐんぷく	군복
❑ 西服	xīfú	ようふく	양복
❑ 中山服	zhōngshānfú	じんみんふく	중산복, 인민복
❑ 棉布	míanbù	めんおりもの	면포, 면직물
❑ 绸	chóu	けんぷ	명주, 견직물
❑ 连衣裙	líanyīqún	ワンピース	원피스
❑ 旗袍	qípáo	チーパオ	중국 원피스
❑ 上衣	shàngyī	うわぎ[上着]	웃옷, 상의
❑ 背心	bèixīn	ランニングシャツ	조끼, 러닝셔츠
❑ 裤子	kùzi	ズボン	바지

❑ 衬衫	chènshān	ワイシャツ	셔츠, 와이셔츠
❑ 汗衫	hànshān	アンダーウエア	속옷, 내의
❑ 帽子	màozi	ぼうし	모자
❑ 领带	lǐngdài	ネクタイ	넥타이
❑ 手套(儿)	shǒutào(r)	しゅとう	장갑
❑ 毛巾	máojīn	綿タオル	면수건, 타올
❑ 鞋	xíe	くつ	신발
❑ 球鞋	qíuxíe	うんどうくつ	운동화
❑ 靴子	xūezi	ながぐつ	장화, 부츠
❑ 袜子	wàzi	くつたび	양말, 버선

4. 가옥

❑ 大厦	dàxìa	たいか	건물 빌딩
❑ 公寓	gōngyù	アパート	아파트
❑ 房租	fángzū	やちん	집세
❑ 房东	fángdōng	やぬし	집주인
❑ 楼房	lóufáng	にかいや	이층집
❑ 平房	píngfáng	ひらや	단층집
❑ 院子	yùanzi	ていえん	정원, 뜰
❑ 铺盖	pūgai	とん	요와 이불
❑ 床单	chúangdān	ベッド・シート	침대시트
❑ 枕头	zhěntou	まくら	베개
❑ 衣柜	yīgùi	たんす	옷장
❑ 箱子	xīangzi	はこ	상자
❑ 皮箱	píxiāng	トランク	트렁크
❑ 书桌	shūzhūo	たくし	책상
❑ 饭桌	fànzhūo	しょくぜん	밥상
❑ 椅子	yǐzi	いす	의자
❑ 沙发	shāfā	ソファー	소파
❑ 帘	lián	カーテン	발, 커튼
❑ 电灯	dìandēng	でんとう	전등
❑ 煤气	méiqì	ガス	가스

5. 교통, 통신

❑ 交通	jiāotōng	こうつう	교통
❑ 旅行	lǚxíng	りょこう	여행(하다)
❑ 路	lù	どうろ	길, 도로, 통로
❑ 铁路	tiělù	てつどう	철도
❑ 车票	chēpiào	じょうしゃけん	승차권, 차표
❑ 车站	chēzhàn	えき	정거장
❑ 餐车	cānchē	しょくどうしゃ	식당차
❑ 卧车	wòchē	しんだいしゃ	침대차(卧铺)
❑ 特快	tèkùai	とっきゅう	특급
❑ 快车	kuàichē	きゅうこう	급행 열차(버스)
❑ 乘务员	chéngwùyuán	ょうむいん	승무원
❑ 售票处	shòupiàochù	うりば	매표소
❑ 汽车	qìchē	じどうしゃ	자동차
❑ 公共汽车	gōnggòngqìchē	バス	버스
❑ 出租汽车	chūzūqìchē	タクシー	택시
❑ 摩托车	mótuōchē	オートバイ	오토바이
❑ 自行车	zìxíngchē	じてんしゃ	자전거
❑ 地下铁道	dìxiàtiědào	ちかてつ	지하철
❑ 机场	jīchǎng	くうこう	비행장
❑ 驾驶员	jiashiyuan	うんてんしゅ	운전사
❑ 邮局	yóujú	ゆうびんきょく	우체국
❑ 信	xìn	てがみ	편지
❑ 航空信	hángkōngxìn	うくうゆうびん	항공우편
❑ 信封	xìnfēng	ふうとう	편지봉투
❑ 电话	dìanhùa	でんわ	전화

6. 교육

❑ 学校	xuéxiào	がっこう	학교
❑ 教室	jiàoshì	きょうしつ	교실
❑ 图书馆	túshūguǎn	としょかん	도서관

❑ 黑板	hēibǎn	こくばん	칠판
❑ 考试	kǎoshì	しけん	시험
❑ 教育	jiàoyù	きょういく	교육(하다)
❑ 学习	xúexí	べんきょう	공부하다
❑ 入学	rùxúe	にゅうがく	입학하다
❑ 毕业	bìyè	そつぎょう	졸업하다
❑ 留学	líuxúe	りゅうがく	유학하다
❑ 大学	dàxúe	だいがく	대학
❑ 预习	yùxí	よしゅう	예습하다
❑ 夏习	fùxí	ふくしゅう	복습하다
❑ 老师	lǎoshī	せんせい	선생님
❑ 学生	xúeshēng	がくせい	학생
❑ 哲学	zhéxúe	てつがく	철학
❑ 文学	wénxúe	ぶんがく	문학
❑ 科学	kēxúe	かがく	과학
❑ 历史	lìshǐ	れきし	역사
❑ 地理	dìlǐ	ちり	지리
❑ 数学	shùxúe	すうがく	수학
❑ 物理	wùlǐ	ぶつり	물리
❑ 化学	hùaxúe	かがく	화학
❑ 语法	yǔfǎ	ぶんぽう	어법
❑ 作文	zùowén	さくぶん	작문
❑ 语言	yǔyán	ことば	언어
❑ 文字	wénzì	もじ	문자
❑ 体育	tǐyù	たいいく	체육
❑ 音乐	yīnyùe	おんがく	음악
❑ 美术	měishù	びじゅつ	미술

부록2

- 중국어 워크북
- 일본어 워크북

早	上	好	初	次	见	面	请	多	关

照	不	客	气	认	识	您	很	高	兴

昨	天	玩	得	愉	快	吗	非	常	真

美	很	喜	欢	迎	旅	游	您	贵	姓

到	楼	外	宾	就	诊	室	去	电	梯

填	写	张	病	历	卡	姓	名	年	龄

性	别	就	挂	推	拿	科	脚	扭	伤

号	事	请	可	以	找	岁	多	大	了

从	韩	国	来	小	姐	吧	晚	饭	点

开	始	问	餐	厅	在	哪	儿	提	供

最	佳	服	务	便	宜	点	的	住	天

多	少	钱	淋	浴	有	厕	所	电	话

卫	生	设	备	很	舒	适	好	朋	友

要	安	静	也	双	宿	客	房	单	人

空	间	吃	完	再	结	帐	先	用	茶

稍	等	会	瓶	茅	台	酒	啤	杯	碗

鲜	汤	辣	鸡	麻	豆	腐	爆	肉	丁

很	名	这	是	菜	请	谢	走	餐	钟

手	续	办	祝	交	税	照	相	机	随

身	衣	物	还	送	朋	友	礼	物	箱

检	验	出	示	秤	行	李	申	报	包

重	量	付	块	毛	寄	费	起	根	据

规	定	种	药	不	能	绸	衬	和	对

没	错	护	照	号	码	支	票	明	白

国	籍	银	行	地	方	兑	换	币	喝

咖	啡	吃	糖	免	税	品	出	售	家

乘	坐	飞	机	随	意	把	椅	背	往

後	靠	座	位	路	电	车	到	民	公

园	收	据	和	余	平	饭	店	出	租

汽	用	拾	金	昧	习	惯	到	民	公

あ	い	う	え	お
[a]	[i]	[u]	[e]	[o]

ア	イ	ウ	エ	オ
[a]	[i]	[u]	[e]	[o]

か	き	く	け	こ
[ka]	[ki]	[ku]	[ke]	[ko]

カ	キ	ク	ケ	コ
[ka]	[ki]	[ku]	[ke]	[ko]

が ガ [ga]	ぎ ギ [gi]	ぐ グ [gu]	げ ゲ [ge]	ご ゴ [go]

さ	し	す	せ	そ
[sa]	[shi]	[su]	[se]	[so]

サ	シ	ス	セ	ソ
[sa]	[shi]	[su]	[se]	[so]

ざ ザ	じ ジ	ず ズ	ぜ ゼ	ぞ ゾ
[za]	[ji]	[zu]	[ze]	[zo]

た	ち	っ	て	と
[ta]	[chi]	[tsu]	[te]	[to]

タ	チ	ツ	テ	ト
[ta]	[chi]	[tsu]	[te]	[to]

だ ダ [da]	ぢ ヂ [ji]	づ ヅ [zu]	で デ [de]	ど ド [do]

な	に	ぬ	ね	の
[na]	[ni]	[nu]	[ne]	[no]

ナ	ニ	ヌ	ネ	ノ
[na]	[ni]	[nu]	[ne]	[no]

は	ひ	ふ	へ	ほ
[ha]	[hi]	[hu]	[he]	[ho]

ハ	ヒ	フ	ヘ	ホ
[ha]	[hi]	[hu]	[he]	[ho]

ば バ [ba]	び ビ [bi]	ぶ ブ [bu]	べ ベ [be]	ぼ ボ [bo]

ぱ パ [pa]	ぴ ピ [pi]	ぷ プ [pu]	ぺ ペ [pe]	ぽ ポ [po]

ま	み	む	め	も
[ma]	[mi]	[mu]	[me]	[mo]

マ	ミ	ム	メ	モ
[ma]	[mi]	[mu]	[me]	[mo]

や	い	ゆ	え	よ
[ya]	[i]	[yu]	[e]	[yo]

ヤ	イ	ユ	エ	ヨ
[ya]	[i]	[yu]	[e]	[yo]

ら	り	る	れ	ろ
[ra]	[ri]	[ru]	[re]	[ro]

ラ	リ	ル	レ	ロ
[ra]	[ri]	[ru]	[re]	[ro]

きゃ	きゅ	きょ	しゃ	しゅ
[kya]	[kyu]	[kyo]	[sya]	[syu]

キャ	キュ	キョ	シャ	シュ
[kya]	[kyu]	[kyo]	[sya]	[syu]

ちゃ	ちゅ	ちょ	にゃ	にゅ
[cha]	[chu]	[cho]	[nya]	[nyo]

チャ	チュ	チョ	ニャ	ニュ
[cha]	[chu]	[cho]	[nya]	[nyo]

わ	い	う	え	を
[wa]	[i]	[u]	[e]	[o]

ワ	イ	ウ	エ	ヲ	ン
[wa]	[i]	[u]	[e]	[o]	(ŋ)

じゃ	じゅ	じょ	ぢゃ	ぢゅ	ぢょ
[ja]	[ju]	[jo]	[ja]	[ju]	[jo]

ジャ	ジュ	ジョ	ヂャ	ヂュ	ヂョ
[ja]	[ju]	[jo]	[ja]	[ju]	[jo]

び ゃ	び ゅ	び ょ	ぴ ゃ	ぴ ゅ	ぴ ょ
[bya]	[byu]	[byo]	[pya]	[pyu]	[pyo]

ビャ	ビュ	ビョ	ピャ	ピュ	ピョ
[bya]	[byu]	[byo]	[pya]	[pyu]	[pyo]

ひゃ	ひゅ	ひょ	みゃ	みゅ	みょ
[hya]	[hyu]	[hyo]	[mya]	[myu]	[myo]

ヒャ	ヒュ	ヒヨ	ミャ	ミユ	ミョ
[hya]	[hyu]	[hyo]	[mya]	[myu]	[myo]

りゃ	りゅ	りょ	ぎゃ	ぎゅ	ぎょ
[rya]	[ryu]	[ryo]	[gya]	[gyu]	[gyo]

リャ	リュ	リョ	ギャ	ギュ	ギョ
[rya]	[ryu]	[ryo]	[gya]	[gyu]	[gyo]

저자 소개

문철수
· 현 군산대학교 동아시아학부 교수

고대곤
· 현 군산대학교 동아시아학부 교수

오길용
· 현 군산대학교 동아시아학부 교수

KCJ Multilingual **한중일 기초 입문 1**

초판인쇄 2015년 02월 23일
초판발행 2015년 02월 28일

저   자 문철수·고대곤·오길용
발 행 인 윤석현
발 행 처 제이앤씨
등   록 제7-220호

주   소 서울시 도봉구 우이천로 353 3F
전   화 (02) 992-3253 (대)
전   송 (02) 991-1285

전자우편 jncbook@daum.net
홈페이지 http://www.jncbook.co.kr
책임편집 김선은·최현아

ⓒ 문철수·고대곤·오길용, 2015. Printed in KOREA.

ISBN 978-89-5668-254-9 13730   정가 14,000원